DE

BATNA A TUGGURT

ET

AU SOUF.

Imprimerie de Cosse et J. Dumaine, rue Christine, 2.

DE
BATNA A TUGGURT
ET
AU SOUF

PAR

J. ZACCONE.

PARIS,
LIBRAIRIE MILITAIRE
DE J. DUMAINE, LIBRAIRE-ÉDITEUR DE L'EMPEREUR,
Rue et Passage Dauphine, 30.

1865

PRÉFACE.

Cher Lecteur,

Ce n'est point un roman que j'offre au public, je laisse à des plumes plus habiles que la mienne le soin de créer, de nouer et de dénouer des intrigues. Au temps où nous vivons tout le monde voyage ou a voyagé, et c'est une relation d'une excursion de Batna à Tuggurt que j'ai décrite. Ce n'est point une création imaginaire faite à plaisir, au coin du feu, en fumant un cigare, pour charmer les loisirs des longues soirées d'hiver ; c'est la relation d'un voyage fait à cheval par votre serviteur.

Tuggurt est à 540 kil. au sud de Philippeville, dans l'intérieur des terres. De Batna à Tuggurt on compte 340 kil. La route peut se diviser en deux parties. La première comprend 124 kil. environ de Batna à Biskra, première grande oasis du Sahara, et traverse un pays accidenté ; ce sont les revers de l'Atlas qui portent leurs eaux au désert. La seconde partie, de Biskra à Tuggurt, est entièrement dans le Sahara. Elle est au milieu des sables qui commencent à Biskra pour finir à Tombouctou. La première partie de cette route peut être exécutée en voiture. Une diligence va deux fois par semaine de Batna à Biskra, et fait le trajet en 14 heures. On part à 4 heures du matin et l'on arrive à 6 heures du soir. Mais pour bien voir le pays et s'arrêter aux points les plus remarquables, il est préférable d'aller à cheval. C'est le moyen que j'ai employé ; et si vous avez la patience de me suivre, nous ferons la route ensemble.

Mais, me direz-vous, pour partir de Batna il faut y être, et je suis à Paris, boulevard des Italiens. Je comprends que vous désiriez quelques détails sur la marche à suivre pour vous rendre le plus promptement possible de Paris à Batna. Voici les renseignements dont vous pouvez avoir besoin. Vous prenez le train express qui va de Paris sur Marseille, tous les jours à 7 heures 45 minutes du soir. Vous choisissez le mercredi. Le lendemain à midi vous êtes à Marseille, cette cité phocéenne connue de l'univers entier par sa Cannebière, qui fait le désespoir du Parisien, au dire des Marseillais. Arrivé à Marseille vous arrêtez le jour même votre place aux paquebots des Messageries impériales, et le lendemain vendredi, à 2 heures, vous quittez la France. 48 heures après, en moyenne, vous êtes à Stora, port de Philippeville ; à moins qu'une tempête ne vous envoie promener sur les côtes d'Espagne ou relâcher à Naples, Palerme, Malte ou Tunis. Mais ceci est un léger détail dont vous n'avez pas à vous préoccuper, puisque le capitaine est chargé de vous loger et de vous nourrir tant que dure la traversée, pour le prix que vous avez payé.

Arrivé à Stora, port de Philippeville, on vous débarque sur la plage, où vous trouvez des omnibus qui vous conduisent à Philippeville. Si vous ne craignez pas la mer, prenez un de ces nombreux canots qui viennent rôder autour du bateau à vapeur comme des rats autour d'un fromage, et, moyennant un franc par personne et par colis, vous serez conduit à Philippeville, qui est à 5 ou 6 kil. à l'est de Stora. J'ai employé ce dernier expédient et je m'en suis parfaitement trouvé ; il est vrai que j'ai le pied marin, avantage qui n'est pas donné à tout le monde, d'après ce que j'ai vu dans mes traversées.

Dès que vous êtes en Afrique, ne rêvez plus le confortable de Véfour, de Véry, du Café anglais ; ne soyez pas exigeant. Ne remarquez pas si le vin est acide, le potage fade ou poivré, le beurre fort ou absent, les asperges amères, le mouton dur, le gibier détestable, les poulets étiques, le linge de table déchiré, la porcelaine écornée, les aubergistes peu polis, etc., etc. Admirez la nature et vous serez ravi, pour peu que vous aimiez la nature sauvage.

Une diligence vous prendra le soir à Philippeville, et vous fera franchir vingt lieues dans votre nuit pour vous déposer le lendemain matin à 5 heures à Constantine.

Vous me direz peut-être : Je préfère voyager de jour, on voit mieux le pays, surtout quand on voyage dans cette intention. Vous avez raison ; mais de Philippeville à Constantine les voitures ne vont que de nuit. Les mauvaises langues, il y en a en Afrique comme partout ailleurs, prétendent qu'on en voit toujours assez, pour ce qu'il y a à voir. Ne les écoutez pas : le parcours de Philippeville à Constantine est charmant, parole d'honneur ! Il n'y a que ceux qui n'ont pas de concession qui disent le contraire.

A Constantine, une diligence vous ouvrira son coupé pour vous conduire à Batna, qui est à 120 kil. plus loin.

De Constantine à Batna, il n'y a rien à voir. Le pays, qui est passable pendant 20 à 30 kil., devient ensuite aride, triste avec ses horizons immenses bordés de montagnes qui se perdent dans des lointains brumeux. Puis vous trouvez des lacs et au delà toujours des plaines et des montagnes juqu'à Batna.

Pour nous résumer, il y a peu ou presque rien à voir de Constantine à Batna, mais en revanche vous voyagez de jour. On dirait que les

Messageries, par leurs ingénieuses combinaisons, ont pour but de dégoûter les voyageurs. Quoi qu'elles fassent, ayez confiance, cher lecteur, vous serez récompensé d'avoir persévéré.

Maintenant que nous sommes ensemble à Batna, allumez votre cigare et causons.

Mais, avant d'entrer en matière, je crois devoir vous prévenir, cher lecteur, que vous trouverez quelques mots arabes écrits en français. J'ai fait mon possible pour les écrire comme on les prononce ; mais ce n'est pas toujours facile, car la même voyelle, *alif*, par exemple, a tantôt la valeur d'un *á* long, tantôt celle d'un *a* ordinaire, d'un *e* muet, d'un *i* bref.

Les articulations sont quelquefois impossibles à fixer. Les Arabes ont une prononciation tellement gutturale qu'il est souvent difficile de savoir si c'est un *k* ou un *g* dur qui entre dans la composition d'un mot, etc.

Le lecteur, s'il connaît l'Algérie, trouvera peut-être que la prononciation que j'ai figurée n'est pas celle qu'il a entendue. A cela je répondrai que le même mot se prononce d'une manière différente dans les trois provinces de l'Algérie, et que ce mot à Tunis, en Égypte ou en Arabie présente encore quelque nuance. Mais il est à remarquer que l'articulation est toujours la même, ou à peu près : nous pourrions citer mille exemples à l'appui. Nous croyons être plus agréable au lecteur en lui faisant grâce d'observations scientifiques et grammaticales. Nous sommes persuadé, d'ailleurs, que le lecteur n'ignore pas que dans les langues anciennes primitives, c'est l'articulation qui constitue le mot.

Bone (Algérie), 25 janvier 1865.

J. Z.

BATNA.

DE

BATNA A TUGGURT.

BATNA.

Avant de partir pour Tuggurt, jetons un coup d'œil sur Batna, que les Arabes qualifient de coquette en raison des nombreux jardins qui la couvrent au sud-ouest et qui en font une petite oasis pour ceux qui habitent les gorges sauvages des environs.

Batna signifie en arabe *bivouac*. Le vrai mot primitif est *Betna*, qui se traduit par ces mots : *nous avons couché.* Cette ville, située par 35°,35' de latitude nord et 3°,50' de longitude est, est à

1036 mètres au-dessus du niveau de la mer, et au milieu d'une petite plaine entourée de hautes montagnes boisées. Ces montagnes sont l'Aurès au sud, le Djebel Kasrou au nord, le pic du Tougourt à l'ouest et le Djebel Bou Arif à l'est. Batna est à 30 lieues au sud de Constantine, et par conséquent à 50 de Philippeville.

La ville est régulièrement bâtie, les rues sont alignées au cordeau, les deux principales sont plantées d'arbres. Les maisons, à l'exception de quelques-unes, n'ont qu'un rez-de-chaussée. Au centre de la ville est une belle place ayant à son extrémité est l'église, à l'ouest la halle au blé dans le style mauresque. Au milieu de la place un bassin avec jet d'eau, un peu plus bas une borne-fontaine, et derrière la halle un emplacement pour les animaux, sur lequel un abreuvoir doit être construit.

La population est de 6,809 âmes dont 3,600 Arabes, 260 Juifs et 120 Mzabites. Le budget communal est de 117,155 francs environ par an. Le marché est important; il s'y vend 18,000 hectolitres de blé et 20,000 d'orge par année.

Batna est le chef-lieu d'une subdivision militaire. La garnison, qui est de 1200 à 1500 hommes, est composée de toutes armes. La ville et le camp forment un seul parallélogramme qui a un kilomètre de longueur et 4 à 500 mètres de largeur. Une chemise crénelée et bastionnée enveloppe le tout. Le camp est séparé de la ville par un mur crénelé perpendiculaire aux grands côtés du parallélogramme. Tous les établissements militaires sont dans le camp. Les casernes peuvent abriter la garnison, les écuries recevoir 400 chevaux. Le nouvel hôpital contiendra 300 lits environ. La manutention peut emmagasiner des vivres pour deux à trois ans.

En arrivant à Batna on descend à l'hôtel où s'arrête la diligence de Constantine. Les chambres sont peu meublées et d'une propreté douteuse. La cuisine y est variable comme la température du lieu ; bonne le jour où le chef n'est pas allé faire sa partie de billard ; mauvaise le jour où il a dépensé plus qu'il n'a gagné, et où il a voulu noyer son chagrin dans plusieurs verres d'absinthe. Sous ce rapport tous les hôtels se ressemblent à peu de chose près. En voyage il faut de la philosophie, prendre les hôtels comme ils sont et le temps comme il vient. J'ai pour principe qu'il faut toujours être content, ne pas se faire de bile pour un plat plus ou moins cuit, plus ou moins chaud ; c'est le seul moyen d'avoir l'esprit libre et de pouvoir consacrer toute son attention aux curiosités qu'on rencontre. Je m'en suis toujours bien trouvé, cher lecteur, faites comme moi.

Les Européens qui habitent Batna rendent leurs demeures aussi agréables que possible en les garnissant d'objets mobiliers, lits, chaises, glaces, tapis, etc.; mais les Arabes, juifs ou autres, occupent des chambres complétement nues dans lesquelles ils font tout leur ménage. Ils y travaillent, y font la cuisine et y couchent, non sur des lits, mais sur des nattes de paille ou d'alfa posées sur le carrelage de la chambre. Quand un Arabe n'a rien à faire, il s'enroule dans son burnous, se couche sur sa natte, et dort ou rêve. Le *dolce far niente* des Italiens a traversé la Méditerranée par un coup de vent du nord pour venir s'implanter en Afrique. Le soir toute la famille se couche sur de semblables nattes, que l'on étend après le souper. Je dis *souper*, par habitude, car ces populations se nourrissent mal : aussi sont-elles minées par la fièvre pendant 3 à 4 mois de l'été. Le soleil, qui brûle ici les existences, fait bouillir le sang et donne ces fièvres, car autrement l'air est pur. Il ne peut en être autrement à 1036 mètres de hauteur et sur un point qui est presque sur la ligne de partage des eaux qui vont, au nord dans les lacs des hauts plateaux et au sud dans la mer de sable, le Sahara.

Ce qui frappe le plus les yeux en mettant le pied sur le sol africain, c'est le costume misérable des Arabes. On est attristé de les voir en guenilles : je parle de la populace, des Bédouins, du peuple arabe du Tell et des montagnes.

Les Arabes, qui paraissent superbes et robustes, sont très-malheureux pour la plupart, me disait un médecin. Leur constitution est ruinée par plusieurs maladies dont les plus communes sont :

1° La syphilis héréditaire.

2° La lèpre kabyle, affection caractérisée par l'existence, sur la peau, de larges croûtes sèches, bleuâtres, grisâtres et laissant à la suite une cicatrice d'un blanc mat qui tranche avec la couleur générale de la peau.

3° L'ophthalmie.

4° Des ulcères syphilitiques et scrofuleux.

5° En été, des fièvres de différentes espèces, des hypertrophies de la rate, cachexies, anémies, anasarques.

6° En hiver, des bronchites, des pneumonies, pleurésies, rhumatismes articulaires.

Il n'est pas étonnant que les Arabes soient sujets à tant de maladies ; ils sont généralement mal vêtus. Beaucoup n'ont pour tout vêtement qu'un *burnous* et une *gandoura* (grande chemise longue sans manches); ceux un peu moins malheureux ont des *chouaichi*, calottes de laine sur lesquelles passe un *haïk*, pièce de laine et soie qui enveloppe la tête, couvre les joues et descend aux chevilles. Presque tous vont pieds nus. Enfin ceux qui sont à l'aise portent la *brima*, corde de chameau enroulée autour de la tête.

Les riches ont sous le haïk un *cedria*, gilet soutaché, une *oughlila*, veste brodée et soutachée d'un grand prix ; un *seroual*, pantalon court, des bas et des souliers habituellement rouges.

Les femmes, à l'exception des riches, sont vêtues de sales *gandouras*, chemises en coton, jadis blanches. Toutes portent des *kras*, grandes boucles d'oreilles de 12 à 15 centimètres de diamètre ; des *makias*, bracelets; des *krhalkrhal*, anneaux aux pieds, derniers vestiges de l'esclavage. Par-dessus leurs gandouras elles jettent un morceau d'étoffe, en guise de châle, qu'elles retiennent au moyen d'une *rhleïel*, agrafe en métal. Elles se couvrent la figure avec un *ajar*, voile en étoffe plus ou moins fine.

Les juives arabes, lorsqu'elles sont endimanchées, portent des vêtements de soie de deux couleurs bien tranchées. La moitié du costume, du haut en bas, est d'une couleur, rouge par exemple; l'autre moitié est jaune; ou bien le vêtement est jaune et bleu, ou bleu et rouge, vert et jaune, etc. Les étoffes sont quelquefois richement brochées. Le corsage est souvent brodé en or fin.

Elles se teignent les ongles avec du henné.

Les juifs teignent en rouge avec ce henné les cheveux de leurs enfants, pour chasser, dit-on, la vermine. Cette habitude chez les juifs date de loin, car Jésus-Christ, né juif, est représenté par la tradition avec des cheveux rouges.

Les Turcs ont la tête couverte d'un *chèche*, turban en laine ou coton suivant l'aisance de l'individu.

Les Arabes sont nombreux à Batna, où ils font un grand commerce de céréales. Ils ne s'adonnent à aucun métier. Sans les Maltais, les Mzabites et les nègres, la province de Constantine serait à plaindre ; eux seuls ont du courage et travaillent pour gagner leur vie.

Quand deux Arabes se rencontrent, ils se prennent par la main et se la baisent alternativement, ou bien ils se baisent réciproquement l'épaule en s'abordant. Quand ils ne sont pas de même condition, l'inférieur baise la main du supérieur; celui-ci porte habituellement à la bouche la main qui a reçu le baiser de son inférieur ; quelquefois il s'en dispense.

Entre intimes on s'embrasse sur la bouche.

Dès que deux Arabes se sont accostés, les questions suivantes sont posées par l'un des deux à l'autre :

Bonjour, comment te portes-tu ?

Et ta famille ?

Tes enfants ? en les nommant par leurs noms, l'un après l'autre, s'il les connaît.

Où es-tu campé ?

As-tu semé ?

La récolte va-t-elle bien ?

Il répète souvent plusieurs fois les mêmes questions pour convaincre son ami de l'intérêt qu'il lui porte. C'est là le dialogue presque invariable de deux Arabes qui s'abordent, et qu'ils débitent d'un ton monotone et précipité.

La race bovine est précaire ici, quoiqu'elle ait les belles formes de la race Durham.

La race ovine est belle, les toisons sont magnifiques. Ces mérinos n'ont besoin que d'être un peu soignés pour produire de bonne laine.

Les chevaux sont en très-mauvais état. Les Arabes les nourrissent mal et abusent de leurs forces.

Ne voulant pas faire seul le voyage de Tuggurt, je restai quelques jours à Batna afin d'attendre les touristes qui, chaque année, arrivent en nombre depuis l'automne jusqu'au printemps. Je ne tardai pas à me lier avec un jeune banquier de Paris et deux riches étrangers, antiquaires distingués, qui, comme moi, avaient du temps devant eux et de l'argent à dépenser. Le banquier avait un domestique, et les deux étrangers un pour eux deux. Nous achetâmes des chevaux pour nos excursions et notre voyage. Avec 3 à 400 fr. on a un bon cheval.

Nous prîmes nos informations sur les points à visiter autour de Batna, et nous nous mîmes en course dès le lendemain.

Nota. Le lecteur, pour peu qu'il soit arabophile, nous accusera de juger sévèrement les Arabes. L'opinion que nous émettons est le résultat d'observations sérieuses, et elle se trouve conforme aux conséquences que M. Renan tire de la religion de ce peuple. Dans son *Histoire générale des langues sémitiques*, au 1er chap. de son 1er volume, M. Renan s'exprime ainsi : « La polygamie, conséquence d'une vie primitive nomade, s'est opposée chez les Sémites au développement de tout ce que nous appelons société. La race des Sémites n'a jamais compris la civilisation dans le sens que nous donnons à ce mot. La véritable société sémitique est celle de la tente et de la tribu............ La moralité elle-même fut toujours entendue par cette race d'une manière fort différente de la nôtre. Le Sémite ne connaît guère de devoirs qu'envers lui-même. Poursuivre sa vengeance, revendiquer ce qu'il croit être son droit, est à ses yeux une sorte d'obligation. Au contraire, lui demander de tenir sa parole, de rendre la justice d'une manière désintéressée, c'est lui demander une chose impossible. Rien ne tient dans ces âmes passionnées contre le sentiment indompté du moi. »

RUINES DE LAMBESSE (LAMBESSA).

LE RAVIN DU LION.

Lambesse est ce qu'il y a de plus important à voir aux environs de Batna. Cette ville, florissante au commencement de notre ère, est complétement en ruine aujourd'hui ; mais les débris méritent qu'on aille les visiter. Nous montâmes à cheval, mes compagnons de voyage et moi, et nous partîmes pour Lambesse, qui est à 10 kil. au sud de Batna, au pied des montagnes de l'Aurès. Parvenu à 7 kil., je quittai mes compagnons afin d'aller voir le *Ravin du Lion* dont on m'avait parlé, et qui se trouvait à 3 kil. sur notre droite. Un des deux étrangers vint avec moi. Nous côtoyâmes la montagne, et au bout de 20 minutes nous entrions dans la forêt qui couvre d'un manteau de verdure toute la montagne et descend jusqu'à ses pieds. Nous cheminions paisiblement dans cette forêt, dont les arbres sont clair-semés dans la vallée, mais qui se resserrent sur les flancs et au fond de la gorge. Ce ravin est le passage habituel des lions en hiver, ce qui lui a fait donner le nom de *Ravin du Lion*.

Le temps était magnifique, la saison belle, et nous pouvions sans crainte pénétrer dans cette forêt. A mesure que nous avancions, la forêt devenait plus épaisse. Mon compagnon me fit alors la réflexion suivante, qui me donna un instant à penser : Que ferions-nous, me dit-il, si un lion se présentait ? Il n'y aurait rien à faire, lui dis-je ; le lion n'attaque pas de jour, il faudrait le laisser passer : c'est ainsi que font les Arabes. J'aimerais bien, dit-il, entendre le rugissement d'un lion dans ces gorges profondes, ce doit être émouvant. A peine avait-il prononcé ces paroles qu'un bruit formidable, répété par les échos multipliés, se fait entendre non loin de nous. A ce cri, nos chevaux, surpris, s'arrêtent et dressent les oreilles... Un âne venait de braire. Nous partîmes d'un éclat de rire homérique et nous tournâmes bride, pressés que nous étions de rejoindre nos amis.

Une demi-heure après, nous étions à Lambesse, nous nous débarrassions de nos chevaux et nous commencions nos excursions à pied à travers les ruines.

La première curiosité que nous vîmes est une grande mosaïque située dans le jardin du directeur du pénitencier. Elle est fort belle, bien dessinée et bien conservée. Elle est préservée des intempéries des saisons par une baraque en planches.

A cinquante mètres plus loin s'élève le Prétorium, vaste bâtiment rectangulaire d'une trentaine de mètres de longueur sur 15 mètres de largeur. Dans l'intérieur se trouvent des statues en quantité, les unes en marbre blanc, les autres en pierre, pêle-mêle, debout, couchées, toutes mutilées par les vandales de toutes les nations ; enfin des débris de toute espèce, bras, mains, jambes, pieds, têtes, colonnes, chapiteaux, corniches, pierres tumulaires, etc., etc. L'examen de ces restes prouve que la statuaire avait pénétré dans ces contrées éloignées et que la ville romaine de Lambessa dut être très-importante. On examine aussi avec curiosité et un sentiment de tristesse d'anciennes portes encore debout, les arènes, les ruines d'un aqueduc, celles d'un temple dédié à Esculape, etc., etc.

En contemplant ces ruines on reconnaît le néant des choses humaines. L'empire romain était bien fort, sa gloire bien grande, il était le souverain maître de tout. Ce peuple-roi eût envoyé à la roche tarpéienne le malheureux qui eût osé dire que l'empire s'effacerait un jour, et cependant aujourd'hui que reste-t-il de tant d'orgueil et de vanité? Rien ; des ruines... des ruines partout ; jusqu'à sa capitale qui ressemble à une cimetière de monuments inhabités. Fallait-il verser tant de sang pour asseoir un pouvoir aussi insensé ? O Rome, tu es bien punie, tu subis la peine du talion, et c'est avec justice que le doigt de Dieu s'appesantit sur toi en te refusant cette liberté que tu as jadis détruite chez toutes les nations.

VILLAGE DES NÈGRES.

En revenant de Lambesse nous visitâmes le village des nègres, à 500 pas au sud de Batna, sur le côté ouest de la route de Lambesse. Cette population nègre provient des anciens esclaves que le décret du 27 avril 1848 a rendus libres. Ces nègres sont complétement noirs, d'un noir d'ivoire, robustement bâtis, toujours gais, d'une grande activité et d'une force musculaire remarquable. Tous travaillent, ils sont manœuvres, tailleurs de pierres sur les routes, hommes de peine, domestiques. Pour eux il n'y a pas de sot métier. Leur activité est précieuse ici où les Arabes ne veulent pas travailler. Ces noirs, créés par la nature pour la zone torride, n'ont jamais chaud. Leurs cheveux sont crépus, la barbe peu abondante, l'œil vif. Ils se rasent les cheveux à l'exception d'une mèche réservée sur le sommet de la tête par laquelle Mahomet doit les enlever au Paradis le jour de leur mort ; cette mèche se nomme *choucha*. Ils sont habillés comme les Arabes. Leurs femmes ont les lèvres épaisses, les cheveux crépus et la figure tatouée. Elles sont enveloppées dans des pièces de cotonnade à carreaux bleus, *melhaffa* ; et par-dessus la tête elles jettent une grande pièce de la même étoffe qui leur tombe derrière jusqu'aux talons et dans laquelle elles s'entortillent. Elles ont la démarche fière, très-dégagée, la figure découverte, portent haut la tête, regardent l'homme en face, ont le haut du corps un peu renversé en arrière, les épaules effacées de façon à faire ressortir leur poitrine solidement garnie. Elles vont généralement pieds nus, quelque temps qu'il fasse. Elles ont des bracelets aux bras et aux pieds. Leurs enfants sont bien faits, et ressemblent à des statues bronzées artistement modelées. Quand l'enfant est trop petit pour suivre la mère, celle-ci relève la pièce d'étoffe qui lui sert de mantelet, l'attache autour des reins et met l'enfant dans ce pli, derrière elle, et appuyé sur ses lombes. L'enfant, dévoré par les mouches et grillé du soleil, n'en vient pas moins bien.

Leur village est composé de maisons à rez-de-chaussée, en briques cuites au soleil, l'intérieur en est passable. Les nègres gagnent de l'argent, vivent assez bien et achètent beaucoup : pain, viande, épices, etc. ; aussi sont-ils tous bien portants, très-gais et très-heureux. Ils aiment bien les Français, qu'ils appellent bono Franco, et nous sont très-dévoués. Ils sont mahométans et croient aux mauvais esprits ainsi que beaucoup d'Arabes ; la coutume suivante en est une preuve.

Quand une femme arabe, juive ou négresse, est malade, elle demande le négro pour chasser les mauvais esprits qui la possèdent. Le négro vient avec deux musiciens nègres, porteurs chacun d'une grosse caisse de dimensions différentes ; un quatrième est armé de deux paires de plaques de cuivre jumelles, espèce de castagnettes nommées *karkaf*; un cinquième porte l'étendard du prophète. Ils sont suivis de femmes nègres chargées de crier pendant la musique pour faire sauver le diable.

Arrivés chez la malade, les musiciens se mettent à battre de la grosse caisse et des castagnettes. Les femmes crient sur le ton le plus aigre qu'on puisse imaginer. Chacun bat la mesure en frappant des mains ; il en résulte le plus horrible charivari qu'il soit possible d'entendre. La malade, attirée par l'espoir de la guérison, se lève et vient danser avec les femmes jusqu'à ce qu'elle tombe épuisée de fatigue. La danse consiste à sauter d'un pied sur l'autre avec balancement du corps de gauche à droite et de droite à gauche, ensuite à sauter en donnant à la partie supérieure du corps un mouvement d'avant en arrière et d'arrière en avant. Ces exercices violents ont pour effet de provoquer une forte transpiration. La malade se couche ensuite et doit être guérie. La malade offre au négro un jeune taureau ; dans d'autres tribus c'est un bouc, et moins que cela si la femme est pauvre. Le taureau est couvert d'une belle housse, ornée de rubans. La mission terminée, les nègres quittent la maison et parcourent les rues de Batna dans l'ordre suivant :

Une négresse marche en tête, en guise de tambour-major. Elle tient sur sa main et en l'air à hauteur de sa tête un plat de sparterie sur lequel se trouvent des dattes, des fruits. Derrière elle viennent les trois grosses caisses, le nègre aux castagnettes et le porte-étendard. Le taureau, mené en laisse, vient après. La race bovine est tellement petite qu'il y a des taureaux qui ne sont pas plus gros que des ânons. Le cortége est terminé par toutes les négresses sautant, dansant, criant. Elles entrent partout pour quêter en récompense du service qu'elles ont rendu à une affligée. Avant de retourner au village on achète, avec le produit de la quête, de quoi faire un bon souper. La gaieté reconduit le cortége au village nègre, et les réjouissances ont lieu toute la nuit.

LA FORÊT DES CÈDRES.

Après les ruines de Lambesse, ce qu'on signale à l'attention des touristes, c'est la forêt des cèdres. Nous partîmes un beau matin, à huit heures, les uns à cheval, les autres à mulet, suivis d'un âne chargé de cantines, renfermant de quoi composer un bon déjeuner.

La forêt des cèdres est au nord-ouest de Batna. Pendant 8 à 9 kil. la route est en plaine ; on atteint ensuite une gorge, dite le *Ravin Bleu*, parce que, durant une partie de l'année, ce ravin, vu de Batna, est d'un ton bleuâtre. En pénétrant dans cette gorge, on a à droite le Djebel-Kasrou, à gauche le Djebel-bou-Merzoug, et devant soi le Djebel-bel-Ris, au delà duquel se trouve la forêt des cèdres.

Ces trois montagnes sont également boisées de genévriers, de chênes verts et de cèdres. La vue de cette riche végétation, dont on est privé depuis Constantine, réjouit les yeux. La route est assez large pour donner passage à une voiture. Elle longe d'abord le Bou-Merzoug, puis, traversant le torrent toujours à sec en été, elle s'appuie au Kasrou, ayant à gauche le Talweg. On est en pleine solitude ici : pas de troupes joyeuses d'oiseaux, pas de fauvettes, pas de merles comme en France, pour égayer le cœur; la nature seule, dans toute sa majesté, s'offre aux méditations du voyageur.

Après un parcours de 2 kil. dans cette gorge, qui incline à l'ouest, on a tourné le Bou-Merzoug, dont le revers, presque inabordable, est chargé de cèdres surplombant le ravin ; c'est féerique. La route monte légèrement pendant 5 kilomètres. On la quitte alors pour gravir, par un sentier roide et pierreux, la montagne de droite, le Dejebel-bel-Ris. Le sentier, continuellement bordé de chênes verts, fait une multitude de zigzags. A chaque crochet le paysage change et s'élargit, l'horizon se développe. L'œil plonge alternativement dans le col de Chélala à l'ouest, dans le Ravin-Bleu au sud, au delà duquel Batna apparaît, vu la hauteur, comme un dessin topographique soigneusement colorié. Plus loin on découvre des montagnes si éloignées, qu'elles doivent appartenir à la régence de Tunis. Au sommet de la montagne, on trouve un col de trente pas à peine de longueur, au delà duquel est un précipice couvert de cèdres. Nous voici à la forêt.

Un chemin à gauche, sur le flanc incliné de la montagne, et ombragé de vieux cèdres, monte à un petit col situé à 1 kil. Au delà de ce point, le chemin descend au milieu de cèdres séculaires de la plus grande majesté. Les orages occasionnent souvent des éboulements qui renversent des arbres ; aussi y en a-t-il en quantité couchés morts au milieu de la forêt. Dans leur chute, ces arbres soulèvent des quartiers de rocher qui roulent sur le flanc de la montagne. Ce passage, pour cette raison, ressemble à un vrai chaos. Du point où nous étions, nous dominions la partie de la forêt qui est sur le flanc de la montagne, et dont les tons sont variés du vert le plus sombre au vert bleu cendré. Après avoir descendu quelques centaines de pas, nous mîmes pied à terre, nous attachâmes nos chevaux et l'on s'occupa d'organiser le déjeuner. Il était onze heures. Assis sous un vieux cèdre au tronc noueux, aux branches allongées horizontalement en parasol, face à la vallée, nous avions devant nous quelques contre-forts secondaires, par-dessus lesquels on sentait, dans un lointain d'azur, poindre les montagnes de la Kabylie. A notre gauche une riche plaine se développait comme un immense tapis vert irrégulièrement moucheté de points bruns. C'était la plaine fertile du Bélezma, avec ses nombreuses tentes.

A deux cents pas plus bas que nous, sur le bord du chemin, une petite maison s'offrait à la vue. Elle n'avait qu'un rez-de-chaussée, composé probablement de deux pièces. Au-dessus de la porte, une croix blanche, faite à la chaux sur le mur gris, parlait au cœur. J'allai voir cette maison après le déjeuner, je frappai à la porte, personne ne vint ouvrir. J'entrai dans le petit jardin, il était à moitié bêché ; la bêche, fichée en terre, attendait le jardinier qui ne devait plus revenir. Je passai devant l'habitation et ne vis aucun être humain. La vigne de l'espalier, séparée du mur, pendait vers le sol dans une attitude de souffrance et semblait pleurer le vigneron absent. Les herbes qui avaient envahi la partie bêchée indiquaient assez que le jardinier avait manqué depuis quelque temps. Un sentiment de tristesse s'empara de mon âme en présence de cette chaumière abandonnée. Quelques minutes après, j'appris que le cantonnier qui habitait jadis cette demeure isolée avait été assassiné par des Arabes. Ils avaient pénétré chez lui de nuit, et lui avaient tranché la tête après l'avoir assommé.

A deux heures, nous reprîmes le chemin de Batna. Arrivé au col, je jetai un dernier regard sur cette chaumière qui avait reçu le dernier soupir d'un martyr du devoir. Au col il nous fallut mettre pied à terre pour descendre sans accident le Djebel-bel-ris. Le sentier, encombré de débris de pierres, rendait la descente dangereuse. Nos chevaux, conduits par la bride, glissaient à chaque pas sur ces cailloux qui roulaient sous leurs pieds. Nous remontâmes à cheval au bas du Djebel-bel-ris.

Nous rentrions contents de notre journée, lorsque notre attention fut attirée par un spectacle merveilleux qu'on ne voit que dans ces pays.

Le soleil radieux venait de se coucher. Le ciel avait pris toutes les couleurs du spectre solaire ; il était du jaune le plus brillant à l'horizon, orangé au-dessus, puis rouge, violet, etc. Les vapeurs de l'atmosphère, suspendues par la chaleur du jour, se condensaient peu à peu et donnaient naissance à des nuages rouge brun bordés d'un rouge clair. Le ciel était gris perle, légèrement violet. Ces nuages changeaient leurs formes fantastiques au gré d'un vent léger. Ils reproduisaient des dessins bizarres qui semblaient être la réflexion de pays inconnus. Le jaune disparut sensiblement pour faire place au rouge le plus vif. On eût dit que la terre était en feu du côté du couchant, et qu'un vaste incendie éclairait les cieux. En moins d'un quart d'heure, les tons perdirent lentement de leur vivacité, les nuages s'assombrirent et la nuit couvrit bientôt cette terre si éclairée un moment auparavant.

Une demi-heure après nous étions à l'hôtel, devant un bon dîner, nous faisant part des impressions que ce soleil couchant avait faites sur nous.

UNE FANTASIA.

A notre rentrée des cèdres, j'appris qu'une fantasia de 300 cavaliers arabes devait s'exécuter le lendemain, à neuf heures du matin, et que ces fidèles croyants étaient campés à l'extrémité du terrain de manœuvres. Je résolus d'aller voir leur campement. A huit heures du soir, je me dirigeai vers la plaine, au sud de Batna, du côté du village des Nègres. A peine sorti du mur d'enceinte, je vis briller les feux des bivouacs et des ombres se mouvoir devant ces rouges foyers. Je m'arrêtai à cent pas des premières tentes et je vis distinctement les chevaux, entravés et attachés aux cordeaux, mangeant quelques poignées de courte paille jetée à leurs pieds. Les tentes étaient alignées, les selles, les bâts étaient rangés à terre, et les Arabes, enveloppés de leurs burnous blancs, les jambes croisées, assis en rond sur des tapis autour des foyers, attendaient patiemment que le *cousscouss* fût cuit. Le *cousscouss* est le mets favori des Arabes; c'est de la viande de mouton cuite avec des boulettes de farine de la grosseur de l'orge perlée, le tout fortement épicé.

Le plus grand calme régnait dans ces groupes. La flamme des foyers s'allongeait et se raccourcissait par intervalles, jetant des lueurs rouges sur le ciel noir. La fumée entraînait avec elle des milliers d'étincelles qui se perdaient dans les cieux.

Le lendemain matin je fus exact. Les Arabes étaient à cheval et rangés en bataille, prêts à commencer leur fantasia.

Le colonel commandant la subdivision, suivi d'un nombreux et brillant état-major, vint les passer en revue. Il se plaça ensuite de façon à avoir les honneurs de la fantasia. A un signal donné, chaque Arabe à son tour, armé de son fusil chargé, passa au grand galop devant le colonel et lâcha son coup de fusil en arrivant devant lui. La rapidité de ces coursiers est effrayante, et le calme de ces hommes sur ces chevaux fougueux dénote une grande habitude du cheval et une grande confiance dans leurs moyens. Après cette fantasia individuelle, quelques groupes chargèrent à fond en jetant leurs cris de guerre.

Les Arabes se reformèrent en ligne et le défilé commença. En voyant passer ces cavaliers arabes, enveloppés de leurs burnous blancs, montés sur des chevaux couverts de housses aux trois couleurs rouge, jaune, verte, garnis de selles élevées, richement brodées, portant haut leurs bannières aux couleurs du prophète, le fusil au poing et le canon en l'air, simulant assez des lances de loin, on croyait assister à un défilé des chevaliers du moyen âge partant pour la Terre-Sainte. Le soleil, pour embellir la fête, colorait de ses rayons dorés ces 300 coursiers, aux longues crinières, qui soulevaient un nuage de poussière, à travers lequel brillaient par moments les longs fusils et les larges étriers. Cette cérémonie m'impressionna vivement ; ce jour-là, j'ai aimé les Arabes.

LA FONTAINE CHAUDE.

Après le déjeuner, on partit pour la fontaine chaude.

La fontaine chaude est dans une gorge, à 10 kil. de Batna. Pour s'y rendre on suit la route de Constantine jusqu'au cinquième kilomètre, et l'on entre à gauche dans une vallée très-étroite, qui devient une gorge boisée d'un aspect sauvage. On ne peut y pénétrer qu'à cheval. Le chemin, d'abord carrossable, devient bientôt un sentier resserré sur le bord du ravin, contournant toutes les sinuosités du terrain, de manière à conserver une inclinaison uniforme.

On rencontre dans ces solitudes quelques tentes de bédouins assez semblables à des bohémiens. Le sol est couvert de chênes verts, assez touffus pour embarrasser un peu la marche. Il ne faut s'engager dans cette vallée que par un beau temps. Par un temps humide, il y aurait danger de glisser dans le ravin.

On parvient ainsi à un défilé rocheux où se trouve une plâtrerie. Là il faut mettre pied à terre et laisser les chevaux à la garde du plâtrier, brave et honnête homme. On gravit ensuite un contre-fort très-raide pour le redescendre de l'autre côté, et l'on est à la source. Elle sort d'un lit de rochers qui ont été redressés dans un bouleversement, et dont les couches sont presque verticales. La chaleur de l'eau peut être de 38°, à en juger à la main. Les roches, usées par les eaux, se sont creusées en bassins successifs, dans lesquels il est facile de prendre des bains, ce que les amateurs font. Le site, quoique isolé et perdu dans la montagne, ne reçoit pas souvent la visite du lion. Le plâtrier nous a dit ne l'avoir vu que deux fois en sept ans.

Nous reprîmes le sentier pour retrouver nos chevaux et nous revînmes par le même chemin. A cent mètres plus bas que la source, j'aperçus dans le ruisseau plusieurs petites tortues. La carapace de l'une d'elles pouvait avoir trente centimètres de longueur. On les respecte... parce qu'elles ne valent rien.

Le gibier n'est pas commun dans cette vallée : une compagnie de perdrix fut notre seule rencontre. Vers le milieu de la gorge, à l'endroit le plus abrité du vent du nord, des oliviers magnifiques de six à sept mètres ombragent le sentier et donnent à cet emplacement un air mystérieux.

Une demi-heure après, nous trottions sur la route de Batna.

Au moment d'entrer dans Batna, nous fûmes arrêtés par une nombreuse tribu qui revenait du Tell et se rendait au désert. Elle avait environ 150 chameaux, mulets, chevaux et ânes. Beaucoup de femmes étaient à pied, mais quelques-unes, les plus belles sans doute, étaient en palanquins. En traversant cette foule pour la dépasser, j'aperçus dans un de ces palanquins une jeune fille de quinze ans, d'une beauté ravissante, dont le voile s'était soulevé... par hasard. Sa chevelure, d'un noir d'ébène, parfaitement nattée et garnie de rubans de velours ponceau, encadrait sa figure, sans couvrir ses oreilles qui étaient ornées de grandes boucles. De chaque côté de sa tête, en arrière et à la naissance des cheveux, pendait une jolie papillote noire, aux reflets soyeux qui faisait ressortir la beauté de son cou. Sa poitrine semblait indiquer qu'elle était mûre pour le bonheur. Ses beaux yeux brillants et chauds étaient d'une limpidité qui inspirait les sentiments les plus doux. A travers ses yeux, la candeur de son âme apparaissait pure et captivait le regard. Tout, dans sa physionomie, respirait la rêverie, la mélancolie, et annonçait qu'elle était née pour des destinées meilleures que celles qui l'attendaient. Elle était à cet âge où les filles arabes ont besoin d'aimer. Nos yeux se rencontrèrent, et, soit magnétisme, soit amour instantané, nos regards ne purent se quitter. A la vue de cette ravissante jeune fille arabe, vrai type de nos belles Andalouses, de nos jolies Arlésiennes, je sentis un fluide brûlant circuler dans mes veines ; tout mon être bouillonna, mon cœur battit avec violence, ma vue se troubla, ma langue frémit d'émotion, je restai pétrifié, et comme effrayé du sentiment qui venait de naître en moi pour une créature que je ne devais plus revoir. Quand toute la tribu eut défilé, nous entrâmes à Batna et, un quart d'heure après, le dîner nous réunissait joyeux et contents comme toujours. Je m'aperçus cependant que, par moments, j'avais des distractions, et que, malgré moi, je songeais à cette jeune fille. Pour me rendre ma gaieté habituelle, mes amis me proposèrent de noyer cet amour naissant dans quelques bons verres de champagne. A la fin du dessert, la fille du prophète ne m'apparut plus que comme un songe délicieux d'une belle nuit d'été.

OUED CHABA

(RIVIÈRE DU RAVIN).

Nous n'étions à Batna que depuis quelques jours et déjà je connaissais quelques fonctionnaires de la localité. Par leur intermédiaire je fus mis en rapport avec des propriétaires des environs. L'un d'eux me proposa de nous conduire à sa propriété de l'Oued Chaba, située à 20 ou 22 kil., à l'ouest de Batna. La proposition fut acceptée pour le lendemain, et l'on partit à cheval à cinq heures du matin pour être rendu à sept heures environ.

Avec mes idées françaises je m'attendais à voir une maison de campagne avec jardins et dépendances. Quelle fut ma surprise quand je vis que la maison était une ferme bâtie en carré, dont tous les bâtiments faisaient face à l'intérieur de la cour, et dont tous les murs étaient crénelés pour surveiller l'extérieur ! Pour augmenter la défense, deux des angles placés sur une même diagonale étaient garnis, l'un d'un bâtiment bastionné de façon à flanquer deux côtés du carré, l'autre d'une tour quadrangulaire faisant saillie également et dominant le tout. C'était une espèce de donjon où se seraient retirés les fermiers attaqués et menacés d'être enlevés. La ferme est bien. A cent pas en amont on a construit un beau moulin à eau en rapport toute l'année. La maison du maître est convenable. Le propriétaire avait eu l'attention d'envoyer la veille un exprès pour faire préparer le déjeuner. En attendant dix heures on se promena dans le jardin, qui est fort beau et dont les fruits sont d'excellente qualité, comme j'ai pu en juger au dessert.

Le propriétaire, homme qui sait bien faire les honneurs de sa maison, nous avait ménagé une surprise. Il nous annonça qu'il voulait nous faire manger un mouton rôti entier. Vers huit heures trois cavaliers arabes arrivèrent. Le premier était le cheick de la tribu voisine ; le second était un grand maigre, basané, armé d'une longue perche.

Il ressemblait assez au portrait qu'on nous a transmis du célèbre Don Quichotte. Le troisième avait devant lui en travers de la selle un énorme mouton. Tous les trois mirent pied à terre. Pendant que le cheick nous fit ses salamalek, le second s'occupa de réunir le bois nécessaire pour rôtir le mouton. Le troisième égorgea la victime, la souffla de ses poumons, la dépouilla, l'ouvrit, en répandit les intestins et lui passa la perche à travers le corps. On alluma un grand feu, on laissa le bois se consumer entièrement de façon à donner un brasier considérable. Quand le foyer ne produisit plus de fumée, on plaça devant ce feu la perche appuyée par ses extrémités sur des pierres, de manière que le mouton pût recevoir tout le calorique rayonnant.

En une heure et demie le mouton fut rôti à point. On le déposa sur un grand plat de bois au milieu de la table. Nous nous assîmes autour, et chacun y porta l'index et le pouce pour en enlever des lanières bien rôties, croustillantes et appétissantes. Depuis vingt-cinq ans environ que la broche a disparu de nos cuisines, je n'ai jamais mangé de rôti plus succulent. A nous cinq nous eussions dévoré le mouton si la raison ne nous eût retenus. Après un pareil plat les autres mets eurent tort. Nous goûtâmes aux rognons sautés au vin de Champagne, aux asperges, aux bécasses, pour faire plaisir au maître de la maison, mais rien ne put approcher de ce mouton, rôti comme au temps d'Homère. Les vins les plus délicieux complétèrent le déjeuner qui fut couronné par un moka premier choix.

Après le déjeuner, le cheick, qui est bien dévoué aux Français, nous raconta que beaucoup d'Arabes sont convaincus que nous ne sommes en Afrique qu'avec la permission du grand Sultan à qui nous payons un tribut. Les Arabes citent à l'appui de leur raisonnement la guerre de Crimée où nous sommes allés, disent-ils, par ordre du Sultan. Suivant eux, en 1830, l'Algérie ne nous avait été concédée que pour trente ans, moyennant un impôt annuel payé au Sultan ; mais en raison du service signalé que nous lui avons rendu en 1854 et 1855, il nous l'aurait cédée à perpétuité, à la condition de payer exactement le tribut.

Le cheick les laissait dans ces idées qui facilitaient le rentrée des impôts. Il était du reste très-content de sa tribu qui se fait un point d'honneur de la pureté de ses mœurs. Pour nous en donner une preuve il nous cita le fait suivant :

« Une fille mariée à un chef de tente ayant

trompé son mari, le frère de la jeune femme considéra l'infidélité de sa sœur comme un affront pour sa famille et résolut de l'en punir. Sous un prétexte quelconque il la fit monter sur un âne et l'emmena à la forêt. Là il lui ordonna de se déshabiller, et comme elle faisait résistance il menaça de la tuer ; elle s'exécuta. Quand elle fut nue il l'attacha à un arbre, puis, après avoir rempli à demi un sac de chardons, il délia sa sœur et lui ordonna d'entrer dans le sac. Comme elle s'y refusait, il leva sur elle son poignard en la menaçant de lui couper la gorge. Elle obéit. Il serra le sac au cou de sa sœur, la plaça sur l'âne et la promena dans tous les douars de la tribu, pour témoigner que la famille condamnait la conduite de cette malheureuse. L'infortunée sortit de là toute écorchée, couverte d'épines, et mourut quelques jours après dans des souffrances atroces. »

Malgré tout cela, nous dit le propriétaire, j'ai été volé il y a quelque temps par des Arabes qui se sont introduits la nuit dans ma bergerie. Le garde, réveillé par le bruit, s'est levé, et aurait saisi un des voleurs s'il y avait eu prise ; mais ce que vous ne savez pas, nous dit-il, c'est que pour ne pas être arrêtés, soit par le burnous, soit par le haïk, les voleurs se mettent complétement nus, de sorte qu'il est très-difficile, pour ne pas dire impossible, de les saisir. Ils sont tellement agiles alors qu'ils franchissent les murs comme des panthères.

Après le déjeuner nous regagnâmes Batna avec l'intention d'organiser notre caravane qui devait se mettre en route le lendemain.

Nous achetâmes bidons, gamelles, gobelets, cuillers et fourchettes en fer, allumettes, bougies, épices, saucissons, chocolat, vin, thé, cognac, café, papier, ficelle, etc. On nous loua des tentes. Nos cantines se trouvèrent assez bien garnies et nous décidâmes que le complément serait pris à Biskra.

DE BATNA AU KSOUR,
28 kilom.

Afin de bien jouir du paysage et de ne rien laisser échapper de curieux sur notre route, il fut décidé qu'on ne partirait jamais avant le lever du soleil.

A huit heures du matin nous quittâmes Batna. Pendant une lieue on est dans une plaine qui conduit à un des faibles contre-forts du Djebel Achentouf. Dès qu'on a franchi cette arête on est sur les dernières ramifications de cette montagne. Là, sur le côté droit de la route, nous vîmes quelques tombes arabes abandonnées. La tombe arabe n'est indiquée que par quelques pierres brutes dont l'une marque la tête et l'autre les pieds. Ces deux dernières, de 30 centimètres environ, sont fichées droites en terre. Parfois ces tombes sont indiquées par un morceau de bois brut piqué en terre, auquel pend un faible lambeau de burnous. Mon cœur s'attrista en pensant à ces pauvres voyageurs qui n'avaient pas eu la consolation de revoir leur patrie, et qui étaient là, couchés, immobiles jusqu'à la fin des siècles.

La route côtoie jusqu'au Ksour le Djebel-Achentouf et le Djebel-Tafrent qu'elle laisse à gauche, mais dont elle franchit tous les bas contre-forts. Toutes ces montagnes sont boisées, et le lion n'y est pas rare. La panthère s'y voit quelquefois.

A une lieue plus loin nous laissâmes à droite, sur un monticule en pain de sucre, le vieux télégraphe aux bras aériens que la télégraphie électrique a détrôné.

A 6 kil. de là nous trouvâmes la fontaine dite : Aïn-el-biar (fontaine des puits), nous nous y arrêtâmes pour déjeuner et prendre le café. C'est une station très-fréquentée. Après notre repas frugal nous examinâmes la position. Nous avions au sud, dans les gorges du Djedel-Achentouf, des tentes nombreuses qui paraissaient très-riches à en juger par le bétail et les chevaux qui paraissaient alentour. Nous allâmes les voir de près. Quand nous fûmes à cent cinquante pas environ, un Arabe se leva d'un groupe et vint au-devant de nous : c'était le cheick. Le *cheick* est le chef politique de quelques douars. Un *douar* est la réunion de plusieurs *tentes*. Les tentes sont en poils de chameau fortement tissés, imperméables à la pluie. Le cheick, après nous avoir fait les saluts d'usage, nous conduisit près des tentes. On s'assit sur le sol et sur des pierres. J'offris des cigares et l'on causa avec cet indigène qui parlait un peu français. Il nous donna sur les mœurs de ses compatriotes les renseignements que je transcris ci-après :

Les Arabes ne peuvent avoir que quatre femmes légitimes. Le Coran, qui est leur suprême loi, les autorise à avoir autant de concubines qu'ils veulent, pourvu que ce soit des esclaves achetées. Depuis l'abolition de l'esclavage dans nos colonies, il n'y a plus de concubines esclaves en Algérie. Quand on achetait des concubines on pouvait les vendre lorsqu'on en avait assez, ou mieux les renvoyer libres. L'homme pouvait conserver les enfants ou les laisser à la femme, si elle les demandait. Dans ce dernier cas, l'Arabe donnait toujours quelque chose à cette concubine pour élever les enfants. A la mort des parents, les biens sont toujours partagés également entre les enfants des deux sexes. Le droit d'aînesse n'est pas accepté par les Arabes. D'après Abou-Anifa, législateur turc, tous les enfants sont égaux. Il est des tribus cependant qui suivent les règles établies par Malekke, législateur arabe. Celui-ci accorde une part aux garçons et une demie aux filles ; c'est conforme au Coran, qui dit que le garçon aura la part de deux filles.

MARIAGE CHEZ LES BÉDOUINS.

Quand un père veut marier son fils, il va trouver le père de la fille qu'il a choisie et demande la future en mariage. La mère n'est rien chez les Bédouins. Si les deux pères tombent d'accord, ils passent verbalement un marché devant témoins, et moyennant cinq à six cents francs donnés au père de la fille, l'affaire est conclue. Indépendamment des cinq ou six cents francs, le beau-père doit encore cinquante francs pour les habits, plus un mouton. Le mariage a lieu ensuite dès que la somme est payée, si toutefois le futur est prêt.

Le père de la fille tue pour le jour des noces un

mouton, et donne un repas aux individus qui amènent le cadi, et qui doivent conduire la jeune fille dans sa nouvelle famille.

Dès que la fille est arrivée chez le futur, le visage toujours couvert, les parents du fils font une noce, tirent des coups de fusil, font une fantasia. Tirer des coups de fusil, c'est pour les Arabes le signe d'une grande réjouissance ; aussi lorsqu'un sous-officier ou un officier spahis ou tirailleur indigène meurt, les parents refusent-ils les coups de fusil qu'on tire habituellement sur la fosse comme honneurs militaires.

Pendant la fantasia les femmes sont assises sur trois rangs, les cavaliers passent devant elles au galop, et tirent des coups de fusil à leurs pieds.

Jusque-là le futur n'a pas vu la figure de sa femme.

Après vingt-quatre heures de fantasia, et quand, le soir, tout le monde s'est retiré, le marié se rend vers onze heures chez sa femme qui a été conduite dans sa tente. Il passe la nuit avec elle. Si elle lui convient, c'est-à-dire si elle est vierge, il la garde, et le matin avant le jour, il quitte sa tente. La sœur ou la mère du mari va trouver la mariée au lit, ou pour mieux dire sur le tapis ; elle la déshabille, et si la chemise porte des preuves de la virginité de la jeune femme (il y en a toujours, cela va sans dire), cette chemise est promenée au bout d'un bâton par les femmes, qui jettent des cris en forme de fantasia en l'honneur de la mariée.

La femme est alors décidément mariée.

Le mari, qui est parti le matin, doit rester sept jours sans mettre les pieds chez lui de jour, il n'y rentre que la nuit, fort tard, accompagné de ses amis qui le quittent à quelques pas de sa tente. Durant ces sept jours il prend ses repas chez ses amis et non dans sa famille.

S'il ne veut pas de sa femme, parce qu'il ne l'a pas trouvée telle qu'elle doit être, il s'absente de même pendant sept jours et fait dire à ses parents de rendre la femme. Les parents de la femme sont tenus de reprendre leur fille, de rendre l'argent, et de plus de couvrir les frais de noce faits par le futur, si le cadi le juge à propos.

On peut, vingt ans après le mariage, divorcer pour d'autres raisons ; les formalités sont les mêmes.

En cas de divorce les enfants sont de droit au père.

Le plus souvent l'homme qui épouse une fille l'a déjà vue, soit à la montagne où les jeunes filles vont faire du bois, soit à la fontaine où elles vont chercher de l'eau. Ce sont elles qui sont chargées de ce soin et non les hommes. Cette coutume remonte chez les peuples pasteurs aux premiers temps, selon la Bible. On se rappelle qu'Abraham devenu vieux, et voulant donner une femme à son fils Isaac, envoya son serviteur Éliézer au pays de Laban pour en choisir une, et qu'Éliézer rencontra Rébecca qui se rendait à la fontaine portant un vase sur son épaule. On sait aussi que Moïse fit connaissance avec une des sept filles de Jéthro, prêtre de Médian, à la fontaine où elles étaient allées puiser de l'eau.

N'est-ce pas à la fontaine que Jésus rencontra la Samaritaine ?

On a dû remarquer que le jeune homme ne connaît pas toujours la physionomie de la fille qu'il épouse, puisque les filles et les femmes sont constamment voilées en public. Ceci explique comment une femme peut se substituer à une autre.

On sait que Jacob avait demandé et obtenu Rachel pour épouse. Le père Laban, oncle de Jacob, qui avait deux filles, Lia et Rachel, et qui voulait se débarrasser de Lia, l'aînée, la fit entrer le soir dans la tente de Jacob. Le lendemain matin celui-ci reconnut la fraude et s'en plaignit à son beau-père qui lui dit : achève les sept jours de noce avec

Lia et tu auras Rachel. La femme chez les Arabes est une marchandise qui n'a pas grande valeur ; on voit qu'on la traite comme s'il s'agissait d'un objet quelconque. Jacob accepta la proposition de son beau-père, et tout fut dit.

Entre familles riches, les formalités sont les mêmes, mais si la fille est vendue dix ou vingt mille francs, cette valeur est en partie remise à la mariée en bijoux, effets, tapis, etc.

———

Un douar, étant composé de plusieurs tentes, possède quelquefois des troupeaux nombreux. Tous les animaux campent à la belle étoile. Pour éviter que les voleurs ne viennent les enlever, les Arabes ont des chiens toujours en liberté qui veillent durant la nuit et rôdent autour des tentes. Ces animaux sont souvent un obstacle aux rendez-vous nocturnes ; mais l'amour est inventif, et voici le procédé employé par les amoureux pour pénétrer dans les douars.

L'amoureux vient en compagnie de deux ou trois de ses amis à proximité du douar du côté de la tente de sa belle ; là il s'arrête. Ses amis font le tour et s'avancent alors sur le douar, en s'écartant un peu l'un de l'autre, jusqu'à ce que les chiens les sentent. Ceux-ci se mettent aussitôt à donner l'éveil, et tous les chiens se jettent de ce côté pour repousser l'attaque. L'amant profite de ce moment pour pénétrer dans la tente de sa bien-aimée. Pour la sortie, ses amis usent du même stratagème.

Nous avons dit plus haut que les chiens font la chasse aux voleurs ; mais lorsque le voleur est un lion, les chiens se sauvent sous les tentes. Alors les Arabes sortent de leurs douars et jettent des pierres à ce roi des animaux en l'injuriant et en le traitant de voleur. Le lion pris en défaut se retire ordinairement, à moins qu'il ne soit affamé, auquel cas il laisse de côté toute délicatesse, choisit un bœuf et l'emporte sans s'occuper des cris. Le lion est un animal inoffensif ; quand il rencontre un homme, il le regarde et continue paisiblement son chemin. Malheur à l'homme qui aurait l'imprudence de tirer dessus.

Le temps passe vite en causant. Il y avait deux heures que nous étions à Aïn-el-biar, il était temps de gagner El-Ksour.

Après une heure de marche nous étions à hauteur de quelques ruines romaines qu'on découvre sur un mamelon à 400 mètres à droite de la route, et à 4 kil. avant El-Ksour. Une demi-heure après nous franchissions une arête rocheuse au delà de laquelle se trouve le caravansérail du Ksour, la plaine d'Aïn-Touta, et à l'horizon le Djebel-Metlili. Nous descendîmes le revers du contre-fort et nous entrâmes au Ksour; il était environ trois heures.

Le caravansérail du Ksour est rectangulaire, à murs crénelés et bastionnés. On y trouve des chambres propres, des lits convenables et une table passable. Il peut au besoin renfermer une centaine d'hommes et abriter dix chevaux. Il a un four pouvant nourrir trois cents hommes par jour.

Ksour est le pluriel de Ksar, qui veut dire château. Il est probable qu'il y eut jadis en ce point deux châteaux, sur les rives de l'Oued-Chaba, de façon à défendre cette plaine et à dominer le pays. Il y a une certaine analogie entre les mots El-Ksar, El-Ksour et Lu-Ksor ou Luksor, ville égyptienne; ce doit être le même mot que les Arabes ont apporté d'Orient, et que le temps a altéré.

Un quart d'heure après notre arrivée, un vent du sud se fit sentir, une chaleur suffocante nous arriva du désert, un nuage de poussière voila le soleil et l'atmosphère, et tout l'horizon disparut. C'était un échantillon du siroco, ce vent redouté des caravanes au désert. Le disque du soleil resta encore quelque temps visible comme un boulet rouge et s'effaça ensuite. Je ne saurais exprimer la tristesse qu'inspire la disparition du soleil dans ces pays qui n'ont que la splendeur du ciel pour se faire pardonner leur aridité et leur civilisation arriérée. Le vent souffla toute la nuit. La poussière pénétra dans nos chambres par les créneaux mal fermés. A notre réveil nous étions couverts d'une poussière aussi fine que la poudre de savon la plus légère.

Le matin, en prenant le café avant de partir, le gardien du caravansérail nous raconta un assassinat qui avait eu lieu deux ans auparavant à la fontaine où nous avions déjeuné la veille. Voici ce qui s'était passé :

Le 31 décembre 1861 l'israélite Jouda Lévy, bijoutier de profession, après avoir été de tribu en tribu vendre des bijoux et réparer ceux qui lui étaient confiés, revenait des Lakhdar, fraction du Kaïdat de Batna. Jouda Lévy avait visité les douars de Goueref, des Ouled si Ahmed, des Ouchechena en suivant la route de Batna. Vers trois heures il rencontrait, à 5 kil. du Ksour, trois de ses amis. Après quelques mots échangés ils continuèrent leur route. Quelques instants après Jouda Lévy disparaissait.

Le 8 janvier on ignorait encore ce qu'était devenu Jouda Lévy. Cependant les parents, inquiets de sa disparition, se livrèrent à d'actives recherches. On savait que le 31 décembre il avait été rencontré venant à Batna, à une vingtaine de kilomètres de cette ville. En admettant qu'il eût été assassiné, le crime devait avoir été commis à peu de distance de la ville. On fouilla tous les ravins. Des oiseaux de proie planant au-dessus du Chabet-Makarif attirèrent l'attention des israélites. On s'engagea dans cette gorge où l'on découvrit d'abord des grains d'orge, puis des dattes, et enfin arrivé à l'extrémité du ravin on vit un mulet attaché à un arbre. La pauvre bête en avait dévoré toute l'écorce. On reconnut le mulet de Lévy.

A quelques pas plus loin un objet informe, complétement carbonisé, s'offrit aux regards des parents. Le mulet étant celui de Jouda Lévy, le cadavre devait être le sien. Lévy avait-il été assassiné d'abord et brûlé ensuite pour dénaturer l'individu et le rendre méconnaissable ; ou bien les Arabes, dans leur fanatisme religieux et leur haine contre les juifs, l'avaient-ils attaché à une perche pour se donner la joie cruelle de le brûler vif, afin de l'offrir en holocauste à Mahomet ! On ne le saura jamais. Il est affreux de penser aux souffrances horribles qu'eut à supporter ce malheureux ; ne cherchons pas à les analyser, jetons un voile funèbre sur ce crime.

Le 10 janvier le bureau arabe était instruit de tous ces faits. Le premier soin de l'officier chargé de l'enquête fut de s'assurer que les trois israélites qui, le 31 décembre, avaient rencontré Lévy, n'étaient pas les assassins. Il lui fut facile de se convaincre qu'ils étaient complétement étrangers à cet horrible assassinat. Depuis cette époque il n'a pas été possible de rien découvrir.

Il n'est pas douteux que si les Lakhdar l'eussent voulu on aurait eu les noms des coupables. Le fanatisme plutôt que la cupidité a dû guider les assassins. On sait que les Arabes détestent les juifs. Avant 1830, les israélites ne pouvaient avoir pour monture, en Algérie, qu'un âne ou un mulet. Le cheval leur était interdit. La calotte rouge leur était défendue, la noire seule leur était permise. Grâce à la France, l'égalité la plus parfaite règne entre toutes les races et toutes les sectes religieuses.

DU KSOUR AUX TAMARINS

PAR LA SMALA D'AÏN TOUTA (FONTAINE DU MURIER).

Dès que les animaux eurent mangé, on s'occupa de seller les chevaux et les mulets pour se diriger sur les tamarins, en passant par Aïn-Touta que nous apercevions au bout de la plaine, à 6 kil. devant nous. On se mit en route à huit heures. Cette plaine légèrement bombée verse ses eaux au nord dans l'Oued Chaba, et au sud dans un des affluents de droite de l'Oued Fedala. Ce terrain est très-marécageux ; on y voit une grande quantité de joncs vers le milieu. Au nord-ouest et au sud-est cette plaine est bordée de massifs énormes de montagnes. La chaîne de l'Aurès au sud-est

est très-visible, et l'on y distingue fort bien tous les contre-forts et les vallées du Djebel-Mehmel qu'on semble dominer; les sommets étaient couverts de neige. En face à 10 kil., c'est-à-dire à 2 kil. au delà d'Aïn-Touta, on a les premiers contre-forts du Djebel-Tilatou.

Au milieu de la plaine sur la route du Ksour à Aïn-Touta on trouve quelques ruines romaines insignifiantes. On atteint enfin le territoire de la Smala, sur lequel sont dressées les tentes des spahis.

SPAHIS.

Aïn-touta est une des smalas des spahis de la division de Constantine. On en compte six dans la province de Constantine : Aïn-touta, dans la subdivision de Batna, pour observer le Sahara ; Aïn-abessa, dans la subdivision de Sétif, pour surveiller la Kabylie ; Aïn-guettar, Bou-adjar et le Tarf, dans la subdivision de Bone, et El-mridj, *le petit marais*, dans la subdivision de Constantine ; ces quatre dernières sont toutes sur la frontière de Tunis.

Les spahis sont ces cavaliers arabes indigènes enveloppés de cabans rouges, et dont la tête est couverte de calottes de laine, sur lesquelles ils enroulent une corde de poils de chameau. Examinez bien le costume de ces cavaliers, vous verrez qu'ils ont deux burnous, un rouge, *barnous el amar*, et un autre blanc sous le rouge, dit *barnous el abiad*.

La corde de poils de chameau qui entoure la tête est une *brima*. Dans les replis de cette corde, le spahi entrelace un cordon en soie de couleur différente pour chaque escadron ; c'est la distinctive, *gaïtane*. Il a une veste en drap rouge, *ouglila ;* un gilet, *cédria ;* un pantalon, *séroual ;* une ceinture, *chemla ;* des bottines et des bottes rouges, *thémaques*, ornées d'éperons arabes, longs, pointus, *achebours*, attachés au moyen de brides rouges, *terquibas ;* un pistolet, *el okbou*, et une giberne, *balaskar*, suspendus à une ceinture *ad hoc, maazma ;* de larges étriers, *rekeb ;* un fusil, *mokehelah ;* et un sabre, *syf*, attaché à la selle ; tels sont les objets qui composent l'habillement et l'armement d'un spahi.

Les chevaux de race arabe sont superbes, pleins de feu, ornés d'une vaste crinière, d'une longue queue, et habitués à faire de la fantasia. Rien n'est beau comme un spahi dans la plaine, au galop de son cheval, penché sur sa selle, ses burnous rouge et blanc soulevés par le vent.

SMALA.

Les smalas des régiments de spahis ont été définitivement constituées par le règlement du 1er mai 1862, dont nous extrayons ce qui suit :

D'après ce règlement,

Tous les escadrons des régiments de spahis sont formés en smala.

La smala est la réunion, sur un territoire déterminé et appartenant à l'Etat, des familles des cavaliers indigènes d'un escadron de spahis, avec leurs tentes, serviteurs, chevaux et bestiaux.

Les conditions d'admission dans le corps de spahis sont le suivantes :

1° Appartenir à une tribu arabe et à la contrée dans laquelle se trouve le territoire de la smala ;

2° Jouir d'une certaine considération dans la tribu ;

3° Être chef de tente ou fils d'un chef de tente ;

4° Pouvoir s'installer immédiatement sur le lot de terrain assigné au spahi entrant dans une smala et le mettre en culture ;

5° Avoir une connaissance complète du pays ;

6° Présenter un bon cheval d'escadron.

On admet de préférence les hommes mariés, n'ayant pas quarante ans, qui possèdent des bestiaux, autant que possible une jument, et au moins un krammès (garçon de ferme) ou, à défaut de krammès, un homme de la famille qui puisse se charger de l'exploitation de la ferme, afin que le spahi soit toujours prêt à monter à cheval.

Les spahis fournissent des détachements près des chefs des bureaux arabes pour des fonctions purement politiques ou de police.

Les terres de la smala sont réparties entre les spahis indigènes de manière que chacun d'eux ait la jouissance de 15 à 18 hectares, tant en terres de culture qu'en terres de parcours.

Les cadres français n'ont que des jardins d'agrément.

Le territoire des smalas demeure la propriété de l'Etat ; il n'est donné aux spahis et au cadre français qu'à titre d'usufruit.

A chaque smala est construit un bordj (caravansérail crénelé). Il doit être assez vaste pour mettre, en cas de guerre, les familles des spahis et leurs richesses à l'abri des tentatives de l'ennemi.

Chaque province, comme on le sait, a un régiment de spahis composé de six escadrons. La force d'un escadron est de 175 à 200 chevaux.

Les officiers supérieurs sont tous Français ; les officiers du grade de capitaine, lieutenant et sous-lieutenant sont pris moitié parmi les Français, moitié parmi les indigènes.

Le petit état-major et les comptables des escadrons sont Français.

Les places de sous-officier, brigadier et trompette sont réservées par moitié aux indigènes.

La solde des simples spahis est de 3 francs par jour. Avec cette somme ils sont tenus de s'habiller suivant l'ordonnance, de se nourrir, eux et leurs chevaux.

Le bordj de la smala d'Aïn-touta est un grand carré qui a environ 60 mètres de côté. Il peut contenir 70 à 80 chevaux dans des écuries-hangars, et loger les officiers, les sous-officiers et 80 spahis. Il contient un four pouvant donner 120 rations par fournée ou 12 à 1400 rations par jour. Sur le milieu du côté opposé à la porte d'entrée, il y a un puits donnant de l'eau potable. Avant d'arriver à la smala, et à droite, sont les jardins des officiers. Au bout des jardins, il y a un café maure fréquenté par les Arabes et les spahis. Devant le café se trouve une immense corbeille de rosiers parfaitement entretenus. A trois cents pas de la route, on a bâti de petites maisons isolées les unes des autres. Elles ont été remises aux spahis. Peu d'entre eux les habitent. Ils préfèrent rester sous la tente où ils vivent avec leurs femmes et leurs enfants. Ces maisons leur servent de magasins. Ils cultivent leurs terres à la façon arabe, c'est-à-dire qu'ils labourent très-légèrement, mettent peu de semences et pas de fumier. Ils sont peu portés à faire des légumes.

Les Arabes sont sobres par paresse. Ils préfèrent vivre de peu que de travailler. Ils aiment mieux se priver que d'être tributaires de la civilisation. Ils considèrent les besoins non comme des jouissances, mais comme des obligations leur imposant plus d'ennuis que de plaisir, et détruisant leur indépendance.

Les spahis nous sont bien dévoués ; ce sont des hommes sûrs, incapables de nous trahir, qui servent de guides à nos colonnes, connaissent tous les passages, les défilés, les gués, les fontaines, les sources, les puits et les bois.

Après avoir visité le bordj, qui a la forme d'un carré avec des bâtiments en saillie aux angles, de manière à flanquer les côtés de la smala, on déjeuna chez le concierge, qui nous avait préparé un repas assez bon pour le pays. Du mouton, des œufs, du gibier, une salade et quelques raisins suffirent pour nous contenter. Une bonne tasse de café couronna le déjeuner, et nous partîmes pour les Tamarins, accompagnés des officiers de spahis ; il était deux heures.

Le chemin de la smala aux Tamarins est sinon difficile, du moins très-désagréable. C'est une suite de mamelons à roches fragiles, délitées, roulant sous les pieds des chevaux. Le sol de la smala aux Tamarins est entièrement privé de végétation. L'horizon se trouve restreint de tous côtés par des mamelons tellement semblables entre eux, qu'on croit toujours être au milieu des mêmes. La route est triste. Après une heure et demie de marche, on découvre à 1 kil. une maison blanche, au pied du col du Tilatou ; cette maison est ce qu'on appelle les Tamarins. C'est un caravansérail très-petit. Il est propre et contient quelques chambres, et un four pouvant donner 600 rations par jour. On y déjeune habituellement et on y est fort bien. Notre station à Aïn-touta nous dispensa de cette formalité. Nous nous reposâmes un instant et, après avoir pris un verre de vermouth avec les officiers de spahis qui devaient retourner à la smala, nous partîmes pour El-kantra.

DES TAMARINS A EL-KANTRA.

A quatre heures du soir nous franchissions le col des Tamarins et nous descendions les pentes rapides du Djebel-tilatou que nous laissions à notre droite, mais que nous devions longer pendant 10 kil. environ. La route des Tamarins à El-Kantra est très-bien tracée, à l'exception des parties qui traversent les torrents. Aucune végétation n'apparaît, les montagnes sont complétement dénudées, les eaux en ont enlevé toutes les terres végétales. La roche est nue et d'un rose clair. Pas d'oiseaux dans cette vallée sinistre pour égayer le passage, pas un troupeau, pas un berger.

Le ciel était sombre, l'orage menaçait, la nuit tombait vite, nous avions tous hâte d'atteindre l'oasis d'El-Kantra pour nous abriter au caravansérail.

Après une heure de marche nous arrivâmes aux ruines romaines dites : *ad duo flumina* ; aux deux fleuves. Ces ruines en effet sont placées en arrière du confluent de deux torrents dont l'un l'Oued-Chaba (rivière du ravin) vient d'une vallée au nord du Ksour et nous est connu. L'autre, l'Oued-Fedala, rivière des généreux, descend des Aurès à gauche. Leur réunion forme l'Oued-Kantra, rivière du pont. Le terrain, couvert de ruines en cet endroit, est un peu élevé et domine les débouchés de trois vallées. En avant du confluent on a à droite le Djebel-Metlili, immense montagne, et à gauche le Djebel-Gaous, montagne de l'arc. Il fallut forcément s'arrêter ici et dresser nos tentes, il eût été imprudent d'aller plus loin. Au point que nous occupions nous n'avions rien à craindre des torrents, ni des pierres entraînées des cimes par les pluies.

A peine étions-nous installés qu'un coup de tonnerre retentit et fut répété par les mille échos des nombreux ravins. Immédiatement après, une pluie torrentielle fondit sur nous. Je plaignais nos chevaux et les mulets attachés au piquet, n'ayant qu'une couverte pour se garantir. Les éclairs se multipliaient avec fracas, le tonnerre heurtait en grondant ces monts vieux comme le monde, et ébranlait le terrain à faire croire à un tremblement de terre. L'orage dura une demi-heure, puis sembla s'éloigner. On entendit alors un bruit étrange, un fracas épouvantable de roches, un brouhaha extraordinaire, le sol trembla. C'étaient les torrents de l'Oued-Chaba et de l'Oued-Fédala qui, gonflés par une crue subite, roulaient dans leurs eaux des galets, des roches, et produisaient ce bruit formidable répété par les échos. Curieux de voir, je passai la tête par l'ouverture de la tente pour découvrir quelque chose ; mais impossible, la nuit était complète. Tout à coup un immense éclair illumina la vallée et un spectacle imposant s'offrit à mes yeux. Les pierres de taille des portes et des angles des ruines, debout sur leurs bases, blanchies par le temps et éclairées par le feu céleste, se détachaient sur le fond sombre de la vallée et ressemblaient à des fantômes sortis de leurs tombes pour assister au jugement dernier. Mes chevaux, la tête basse, se découpaient en silhouettes noires sur ces ruines grisâtres. Mon chien, retiré dans un coin de la tente, impassible, ne bougeait pas et semblait me consulter du regard. Le tonnerre roula quelque temps encore en se perdant dans le lointain, et peu à peu les éclairs diminuèrent d'intensité.

Le lendemain le soleil se leva radieux ; l'air était pur, mais le ciel était sombre au nord-ouest et présentait un arc-en-ciel. En contemplant cette vallée toute mouillée de l'orage de la nuit, les rochers dégouttants de pluie, les terrains délités, la vase et les débris des végétaux déposés par l'eau sur les bords des torrents, j'avais une idée, bien faible il est vrai, de ce que dut être la terre après le déluge.

Avant de nous mettre en route nous laissâmes écouler le plus gros des eaux des torrents, afin de nous faciliter le passage des rivières. Nous partîmes enfin vers les neuf heures. Après avoir traversé huit fois l'Oued-Kantra bordé de lauriers-roses, on arrive à un point où la gorge se resserre et l'on se trouve momentanément dans une impasse, lorsqu'à un dernier détour on aperçoit une grande brèche dans le Djebel-Gaous ; c'est le défilé d'El-Kantra. Après avoir tourné un léger mamelon, le défilé se laisse voir avec le pont romain d'une seule arche de 10 mètres, dominant de 15 mètres environ le lit du torrent. Le dessous du pont est évidé en deux arcs prismatiques qui contiennent des sculptures pendentives bien conservées.

EL-KANTRA.

On découvre de ce pont un panorama ravissant. L'oasis d'El-Kantra, située à l'extrémité du défilé qui peut avoir 500 mètres, laisse voir la tête de ses verts palmiers au panache élancé, aux branches gracieusement penchées. Les branches sont ordinairement groupées en tête du stipe de ces beaux monocotylédonés. Au-dessus de ces têtes les régimes de dattes sont réunis en verticilles. Rien ne peut donner une idée approximative du charme de ces arbres au tronc scaraliforme et aux fruits dorés. Nous restâmes longtemps en admiration devant ce paysage nouveau pour nous Européens.

Avant de pénétrer dans le défilé nous contemplâmes ces roches élevées et l'épaisseur de cette chaîne que les eaux avaient dû user pour se créer un passage. Cependant, en examinant de près les roches, on n'y voit aucune trace de l'érosion des eaux. On doit admettre alors que dans le soulèvement de cette montagne, le mouvement ne fut pas uniforme et qu'il y eut fracture au milieu. Quoi qu'il en soit, c'est un tableau grandiose.

Nous nous engageâmes dans le défilé. Une route carrossable taillée dans le rocher sur la rive gauche du torrent permet d'arriver sans difficultés à l'oasis. En entrant dans cette gorge notre attention fut attirée par un rocher, situé sur la rive droite, à 20 mètres de hauteur. Il a la forme d'une tête coiffée d'un casque ayant les jugulaires sous le menton. Le profil est tellement exact qu'on le croirait taillé à plaisir ; on l'appelle le *Romain*.

A peine arrivé à l'extrémité du défilé on sent la chaleur qui vient du désert ; les Arabes nomment cette gorge : Foum-es-Sahara, bouche du Sahara. Que de générations ont franchi ce défilé ! les échos ont répété jadis le bruit du pas des légions romaines comme ils redisent aujourd'hui le chant monotone des Arabes et le refrain joyeux des soldats de la France.

La route contourne à l'est et au sud une partie de l'oasis. C'est la première oasis que l'on rencontre, aussi l'œil ne peut-il s'en détacher. Les maisons sont faites de briques en terre, cuites au soleil. Toutes sont uniformes. C'est un prisme n'ayant à l'extérieur que de rares ouvertures, très-petites, semblables à des créneaux. Elles sont terminées par des terrasses. La maison arabe est disposée pour la vie intérieure. L'aspect en est monotone et d'autant plus triste que les palmiers sont du vert le plus luxuriant. Les maisons d'El-Kantra se touchant forment par leur réunion un mur d'enceinte. Autour de l'oasis, de distance en distance, l'on voit de vieilles tours crevassées et en ruine, de la hauteur de 6 à 7 mètres et qui, avant la conquête française, servaient de poste aux hommes chargés de faire le guet.

Avant notre arrivée dans ces contrées, les tribus étaient continuellement en guerre, et les razzias étaient fréquentes. Aujourd'hui que le calme règne partout, ces tours sont abandonnées et ne servent qu'à varier le paysage en rompant par leur élévation l'uniformité de la ligne horizontale des cases.

La route ne traverse pas l'oasis, elle la longe en la laissant à droite. Au tiers du parcours on trouve un grand cimetière arabe ; on dirait un damier en pierres. A l'extrémité du cimetière est le tombeau d'un marabout. C'est un cube de 4 à 5 mètres de longueur sur 3 de largeur et autant de hauteur, blanchi à la chaux. Ce marabout d'un blanc vif se détache bien sur le fond gris des maisons couronnées par les palmiers du vert le plus beau. C'est un joli croquis à faire, et plus d'un artiste, à Paris, ferait sa fortune en reproduisant ces sites.

La population d'El-Kantra est d'une nature civilisée, les hommes et les femmes restent à leurs occupations quand vous passez. Quelques-unes, par scrupule, détournent légèrement la tête pour éviter le regard des infidèles, mais ce sont les laides ou les vieilles. Les enfants, nus ou à demi couverts d'un burnous qui ne cache pas leur corps, viennent à vous et vous demandent des sordis, des sous. Arrêtez-vous, ils formeront cercle autour de vous, et vous pourrez à votre aise admirer les formes gracieuses de ces enfants du soleil. La population d'El-Kantra est blanche, proprement habillée et n'a rien de commun avec ces sales Bédouins que l'on rencontre de Constantine à Batna.

La route descend ensuite dans un ravin qui

n'a ordinairement qu'un filet d'eau. Les jeunes filles, les femmes viennent y laver. Là, je fus surpris agréablement en voyant les plus jolies figures qu'on puisse imaginer, plus belles que les moissonneuses de Paul Robert ; jeunes filles bronzées par le soleil, au regard doux et lascif, à la chevelure d'ébène, aux formes les mieux modelées. Ces femmes lavent le linge avec leurs pieds. Elles se tiennent debout et, avec une dextérité surprenante et une grâce piquante, elles retournent le linge et le piétinent aussi aisément que nos laveuses avec leurs mains. Dans cette opération elles donnent à leur corps un balancement cadencé des plus charmants. En piétinant le linge elles font jaillir l'eau, et, pour ne pas mouiller leurs jupes, elles les relèvent fort au-dessus du genou, et plus qu'il n'en faut pour se convaincre qu'elles sont parfaitement bien faites. C'est la première fois, depuis ma belle inconnue de Batna, que mes yeux s'arrêtèrent avec complaisance sur des femmes arabes. La beauté de celles-ci m'a tellement rappelé mon inconnue que lorsque mes pensées me reportent vers elles, c'est toujours avec un grand plaisir que je me rappelle ces filles au teint chaud. La vie contemplative des Arabes au milieu de ces oasis aux frais ombrages sous un ciel de feu, avec ces jolies filles pour compagnes, donne une idée du paradis de Mahomet dont les houris, suivant moi, ne seront jamais plus séduisantes que les filles d'El-Kantra.

Après le ravin des laveuses, la route gravit la berge opposée en contournant toujours les maisons dont les jardins contiennent beaucoup de figuiers de Barbarie. On parvient ainsi sur un plateau d'où l'on domine l'oasis. A deux cents pas plus loin on a le caravansérail dont les abords sont complétement découverts. Ce caravansérail est grand, de forme carrée avec des bastions aux quatre angles. Il renferme des magasins, un four, des écuries-hangars et un immense silos au milieu de la cour. La cuisine y est fort bonne et les chambres sont aussi propres qu'on peut le désirer. On nous servit un bon déjeuner.

Après le déjeuner j'allai visiter l'intérieur de l'oasis qui comprend quatre villages et autant de cheicks; l'un d'eux m'accompagna. En parcourant le lit à sec du torrent, j'aperçus quelques fragments de colonne et d'entablement qui présentaient des détails de sculpture d'un ordre avancé. Que n'avais-je des fourgons à ma disposition ! j'aurais ramassé ces derniers témoins de la grandeur romaine que les sables finiront par engloutir. Le cheick me conduisit dans ses jardins, je pus voir et toucher ces palmiers au corps filandreux. Des séguias nombreuses en baignaient les pieds. Au milieu de ces palmiers déjà très-rapprochés, des figuiers et des abricotiers trouvaient assez de terre et de soleil pour vivre et prospérer. Le tout était entrelacé de vignes, s'appuyant sur les troncs de tous ces arbres et courant en guirlandes de l'un à l'autre comme ces lianes des forêts vierges de l'Amérique.

J'étais émerveillé de ces ombrages et du calme qu'on respire dans ces oasis, et je m'abandonnais à une douce rêverie en pensant aux séduisantes laveuses, lorsque tout à coup j'entendis un bruit rapide se produire sous les herbes et les feuilles sèches dont la terre était jonchée. J'en demandai la cause au cheick ; il me répondit avec ce sang-froid des Orientaux : c'est le serpent. A ces mots un frisson involontaire parcourut mon corps. Il est terrible de penser que la nature place toujours le poison à côté du plaisir ; il est vrai qu'en revanche elle met souvent le remède à côté du mal.

Les jardins de ces oasis sont tous séparés par des murs en pisé. Les chemins qui les desservent sont par conséquent continuellement resserrés entre deux murs, et comme ils suivent les contours capricieux des propriétés, c'est un véritable labyrinthe dont il m'eût été impossible de sortir sans l'aide du cheick. J'eus là une idée des difficultés que nos braves soldats rencontrèrent au siége de Zaatcha.

En revenant au caravansérail, mon cicérone me fit traverser un des quatre villages. Les rues sont étroites, les portes des maisons sont généralement basses et il faut se courber pour pénétrer dans l'intérieur ; j'en visitai plusieurs. Chaque maison a une cour, les chambres manquent de jour et ne sont pas blanchies. Je suis étonné que les habitants soient aussi propres dans des maisons aussi sales. Dans la cour fourmillent des enfants des deux sexes ; ils sont presque nus, et la tête des garçons est rasée à l'exception de la partie supérieure sur laquelle se dresse une énorme mèche. Après avoir fait une large distribution de sordis et de petites pièces blanches, je sortis de la maison en leur disant : *Allah ibarek fik*, que Dieu vous bénisse. Ils me répondirent : *Allah iazzek*, que Dieu te chérisse.

En suivant notre chemin nous fîmes la rencontre d'un groupe fort animé. J'interrogeai sur ce rassemblement mon cicérone qui me répondit : c'est une négresse que son mari délaisse, et qui va se plaindre au cadi de ce que son mari la néglige et ne s'approche pas d'elle selon la loi du Coran. Le fait me parut original. Que dirait-on en France si une femme dévoilait ainsi les mystères de l'alcôve? En Afrique la pudeur n'est point un sentiment du cru.

Je rentrai ravi de ma promenade, et pour faire une politesse au cheick, je lui offris le café et des cigares ; ce qu'il accepta de grand cœur. Voulant mettre à profit sa complaisance, je le priai de me donner des détails sur la cérémonie de l'enterrement des Arabes. Il réfléchit un moment, et après avoir humé la fumée de son cigare, l'avoir ensuite expulsée lentement, il prit la parole et me donna les renseignements suivants :

CÉRÉMONIES FUNÈBRES CHEZ LES ARABES.

A la mort d'un Arabe les parents du défunt se réunissent, et dès que la mort est constatée, le corps est lavé et des parfums sont brûlés à ses côtés. Après la lotion on prie pour celui qui vient de rendre son âme à Dieu. Quand toutes les invocations ont été adressées au ciel, on enveloppe le mort de pièces de linge. On lui met ensuite successivement une chemise, un turban, une pièce autour des reins et deux linceuls. Il est de règle d'accompagner à pied le convoi et de marcher bon pas. Les femmes sont derrière. Il est interdit de pleurer, il faut savoir se résigner à la volonté de Dieu. Arrivé au lieu de la sépulture, le mort est placé dans la fosse sur le côté droit, la face tournée vers la K'ibla (la ville sainte). Dès qu'il est consolidé dans cette position, on remplit la fosse de façon qu'elle ne s'élève pas au-dessus du niveau du sol. La surface supérieure en est horizontale et le contour sur le terrain est indiqué par quelques pierres brutes fichées en terre. On peut indiquer la fosse de celui qu'on a enterré par quelques pierres reconnaissables, mais non par une pierre tumulaire. Aucun nom, aucune date, aucune distinction ne doit apparaître. Les musulmans sont égaux devant la mort, et l'orgueil des familles ne vient pas humilier les malheureux jusque dans leurs tombes. Vous autres catholiques, nous dit-il, vous affectez la vanité jusque dans la mort. Vos cimetières sont couverts de monuments prétentieux et d'épitaphes menteuses. Ce ne sont pas ces somptueux tombeaux qui ouvrent l'entrée du ciel, ce sont les bonnes œuvres du trépassé. Mahomet a dit : faites l'aumône, secourez vos parents, vos proches, les orphelins, les pauvres, les voyageurs; pardonnez les offenses au nom du Dieu clément et miséricordieux. Ceux qui auront fait l'aumône la nuit et le jour en recevront la récompense de Dieu, car le jardin d'Eden est aux vertueux.

Au retour du convoi un repas est offert à ceux qui ont conduit le défunt à sa dernière demeure, et ils vont ensuite faire leurs compliments de condoléance aux parents du décédé. Quand toutes les formalités sont terminées, chacun remonte à cheval, regagne sa tente en disant : il n'est de vrai Dieu que Dieu, et Mahomet est son prophète; La îlah illâ Allah, Mohammed ressoul Allah.

LA MONTAGNE ROUGE.

DJEBEL-AMAR.

Devant le caravansérail d'El-Kantra, à l'est, s'élèvent quelques aiguilles de roche rouge ayant de loin l'apparence de ruines d'un château féodal. Aux temps les plus reculés, dit la légende arabe, un castel était perché sur ce rocher et les fondations prenaient racine dans les anfractuosités multiples de ce pic de calcaire rouge.

Amar ben Messaoud, le rouge fils du fortuné, habitait cette forteresse avec sa fille Bahya. Celle-ci avait perdu sa mère de bonne heure et jouissait d'une grande liberté. Elle en profitait pour courir la campagne et se livrer au plaisir de la chasse.

Dans ses excursions elle était toujours accompagnée de ses esclaves portant l'attirail de chasse. Parmi ces captifs, produit des razzias, se trouvait un beau et vaillant jeune homme, Es-Safer ben Abdallah, fils d'un chef puissant, résidant au delà de Témacin. L'adresse, l'activité, le dévouement d'Es-Safer captivèrent l'attention de la jeune personne, qui ne tarda pas à aimer son jeune serviteur dont les prévenances prouvaient assez que Bahya lui était chère. Les enfants s'aimèrent bientôt et jurèrent d'être l'un à l'autre. Le serment eut lieu sur le tertre au nord du château, et qui porte aujourd'hui le nom de Djebel-Imin, *montagne du serment.*

Es-Safer était noble d'origine et pouvait prétendre à la main de Bahya, dès que sa rançon aurait été soldée ; elle le savait. Amar ben Messaoud connut bientôt les amours de sa fille et ses projets d'union. Or, comme ils contrariaient ses intentions, il résolut d'imposer sa volonté et de ne rendre la liberté à Es-Safer qu'à la condition qu'il renoncerait à la main de Bahya. On comprend l'opposition qu'il rencontra de part et d'autre. Résolu d'en finir, il réunit son monde sur la terrasse du château qui domine de 120 mètres la vallée. Il fit alors sortir du rang des esclaves

Es-Safer et lui annonça qu'il devait se préparer à mourir ou à renoncer à la main de sa fille. Celle-ci se jeta aux genoux de son père pour le désarmer, il fut inflexible. Voyant qu'elle ne pouvait rien obtenir, et voulant conserver cette tête si chère, elle dit à son père qu'elle renonçait à cet amour et qu'elle épouserait l'homme qu'il voulait lui imposer. A ces mots Es-Safer entra en fureur, lui reprocha de faillir et lui annonça que lui Es-Safer ben Abdallah, le jaune fils de l'adorateur de Dieu, ne renoncerait jamais à elle tant qu'il vivrait, et que si elle en épousait un autre, il saurait se venger sur ce téméraire. Il l'invitait de plus à ne pas oublier le Djebel-Imin, la montagne du serment.

Amar ben Messaoud renvoya sa fille dans sa chambre. Prévoyant qu'il ne pourrait rien obtenir et que la présence d'Es-Safer ne lui causerait que des embarras, il donna l'ordre au bourreau de s'emparer de l'esclave, de le lier et de lui trancher la tête sur le bord de la terrasse. Es-Safer repoussa le bourreau en disant qu'on n'avait pas besoin de lui lier les mains, et qu'il saurait mourir pour l'amour de Bahya. Es-Safer vint se mettre à genoux devant le précipice, le bourreau tira son yatagan et d'un coup vigoureux fit sauter la tête qui roula au fond du ravin. Le corps par un mouvement nerveux se redressa et prit le chemin de la tête. Bahya, qui était dans sa chambre, vit passer devant sa croisée la tête et le corps de son bien-aimé. Elle courut à la fenêtre, vit dans le fossé la tête de son amant, jeta un cri et tomba évanouie.

Quand Bahya revint à elle, Dieu lui fit la grâce de ne pas comprendre son malheur; sa raison avait disparu. Pendant plusieurs mois, elle fut entre la vie et la mort. Son père, qui la destinait à un puissant seigneur de la région du Hodna, cacha l'état de sa fille à son futur gendre, et sous un prétexte quelconque remit à plus tard la cérémonie du mariage. Au printemps suivant, Bahya recouvra sa raison et connut l'étendue de son malheur. Après s'être longuement recueillie, elle prit une détermination et se résigna.

Son père lui annonça un jour que de nobles étrangers arriveraient le soir même au château, et qu'elle eût à se parer pour les recevoir dignement. A cinq heures du soir deux hommes richement vêtus et suivis d'un personnel très-nombreux entraient au château. L'un, âgé de 60 ans environ, paraissait être le père de l'autre qui pouvait avoir 25 ans. Le premier était Belhadj ben Soltan, le second était son fils Mohamed ben Belhadj. Bahya comprit que ce dernier devait être un futur. Elle jura de nouveau en son cœur qu'il n'en serait rien. Pendant plusieurs jours on se livra aux plaisirs de la chasse et de la table, et à toutes sortes de fantasias. Un soir Amar fit part de ses intentions à sa fille. Elle ne répondit rien et parut se soumettre. Pour donner plus d'éclat à l'exécution de son dessein, elle laissa faire les apprêts de la noce, et le jour venu, elle se laissa habiller belle comme si elle eût dû appartenir à Es-Safer. Quand elle fut parée, on la conduisit sur la terrasse où les conviés devaient se réunir avant de descendre au grand salon. Dès que tout le monde fut assemblé, Bahya contempla le précipice qui avait reçu le corps de son cher Es-Safer, retrempa son courage à la vue du Djebel-Imin, et jura tacitement une dernière fois de n'être à personne.

Quand Mohamed vint pour lui prendre la main et la conduire à la salle des actes, Bahya lui dit d'un ton impérieux et de façon à être entendue de tous : retirez-vous, vous n'êtes pas l'homme de mon choix, vous n'êtes pas l'idole de mon cœur, je ne serai jamais à vous. Celui que j'aimais est mort ici par amour pour moi, le moment est venu de lui prouver que j'étais digne de son amour. Seigneurs du Hodna, dit-elle, mon père vous a indignement trompés ; je suis et j'ai toujours été la fiancée d'Es-Safer ben Abdallah que je vais rejoindre. Elle s'élance aussitôt dans la vallée, son corps disparaît aux yeux de la foule saisie d'effroi et va se briser sur les roches teintes encore du sang de son fiancé.

Humilié de cette mystification, Mohamed ben Hadj apostropha rudement Amar ben Messaoud. Celui-ci, outré de voir ses projets déçus, se laissa emporter à un mouvement de colère et s'en prit à Mohamed de n'avoir pas su se faire aimer. La discussion s'échauffa bientôt et des mots on en vint malheureusement aux voies de fait. Amar furieux frappa Mohamed. Cet outrage fut le signal d'une mêlée générale qui n'était pas sans dangers sur une terrasse nue, sans garde-fou, entourée de précipices affreux. Amar ben Messaoud et ses serviteurs furent tous massacrés et jetés dans le ravin. Le carnage fut tel que le sang ruissela le long des murs et coula sur les rochers. Les Arabes assurent que les roches étaient blanches avant cette catastrophe et qu'elles ne sont devenues rouges qu'après avoir été arrosées du sang d'Amar ben Messaoud et de ses hommes d'armes.

Après cette boucherie, les seigneurs du Hodna pillèrent le château, l'incendièrent et partirent. Ils allèrent camper sur un plateau à l'est à deux lieues de Djebel-Amar. Quand le soir fut venu, ils virent les flammes s'élever, éclairer l'horizon et brûler comme un immense auto-da-fé. Le lendemain les vautours venaient s'abattre sur ces ruines fumantes ; la nuit suivante ce fut le tour des hyènes et des chacals.

Depuis cette époque, qui n'a pas de date chez les Arabes, les années, les siècles, les pluies, les ouragans et le soleil ont usé les murailles de ce castel et en ont détruit jusqu'aux derniers vestiges. Aujourd'hui ces rochers ne sont plus habités que par des corbeaux, des vautours, des chouettes qui planent sans cesse à l'entour de ces pics et qui semblent flairer encore l'odeur des cadavres engloutis sous les débris du château. Quand les oiseaux de proie sont couchés, les chacals et les hyènes viennent encore gratter la terre et ronger quelques os vermoulus.

Si dans le silence de la nuit on s'approche de cet asile de deuil, on entend, disent les Arabes, des bruits étranges, des soupirs étouffés, des gémissements, des plaintes ; et si l'on va s'asseoir au pied de ces rochers on ne tarde pas à voir courir autour de soi le fantôme d'Amar ben Messaoud que Dieu a repoussé, et qui est condamné à errer jusqu'à la fin des temps sur cet emplacement, poursuivi par les ombres de Bahya et d'Es-Safer, pour avoir voulu violer les lois de l'amour.

Aujourd'hui, lorsque deux amants veulent se fiancer, ils se rendent au Djebel-Imin, et là, à la face du ciel, ils invoquent Mahomet et jurent d'être l'un à l'autre. Si un des deux fiancés vient à trahir son serment, l'ombre d'Amar ben Messaoud va toutes les nuits réveiller le parjure et lui reprocher son manque de foi. Ce tourment nocturne est renouvelé jusqu'à la mort du coupable ; aussi les filles d'El-Kantra sont-elles les plus fidèles de la contrée....... sans garantie du gouvernement.

Telle est la légende de la roche rouge.

UNE FILLE DU SAHARA.

Quand la nuit fut bien close, et que le croissant à peine sensible de la nouvelle lune se fut couché, je sortis du caravansérail pour aller contempler le beau ciel étoilé du Sahara et jouir d'une belle soirée d'hiver. Je m'assis à quelques centaines de pas du bordj, sur des pierres, ruines d'un vieux mur, et je laissai le cours à mes pensées vagabondes. A peine en place je fus distrait par un léger bruit qui se fit entendre à quelques pas de moi. Je détournai la tête et j'aperçus une forme humaine qui avait dû me suivre et qui m'observait. Surpris d'être l'objet d'une attention quelconque à une pareille heure et dans ces parages où j'étais inconnu, je ne quittai pas de l'œil ce fantôme qui s'approchait de moi en ralentissant son pas. Je me levai et je reconnus bientôt que ce mystérieux personnage était une femme voilée comme les femmes arabes. Elle m'examina un instant, parut me reconnaître et me dit : beau Roumi, pardonne-moi d'avoir osé te suivre, toi, mon seigneur et maître ; mais du jour où je t'ai vu pour la première fois, du jour où mes yeux ont rencontré les tiens, mon âme s'est envolée vers toi, et j'ai senti que ma vie et mon cœur t'appartenaient. Qui es-tu ? lui dis-je, ton voile masque ton visage, l'obscurité est grande, approche-toi, découvre-toi que je sache qui tu es. Elle s'approcha, se découvrit, et je vis, non sans surprise, ma belle inconnue de la caravane. A sa vue mon sang reflua au cœur, je fus saisi de vertige, effrayé du danger qu'elle avait affronté pour venir à moi ; car je n'ignorais pas que si elle était découverte par les siens, sa mort était certaine, et qu'elle serait assassinée sous peu. Je lui fis comprendre son imprudence, combien sa démarche était déraisonnable à l'égard d'un étranger qu'elle ne connaissait pas, d'un homme qui ne devait faire que passer devant ses yeux, parcourir son pays, et regagner le littoral pour rentrer un jour dans sa patrie.

O Roumi, tous les raisonnements peuvent être beaux, ta prudence est sage, ta sagesse est grande, mais l'amour est une folie qui ne se raisonne pas. Je t'aime, voilà ma raison. Pourquoi ? je n'en sais rien. Peut-être parce que c'est écrit. J'irai où tu voudras, je serai ton esclave, parle, je t'appartiens.

Notre entrevue paraissant devoir se prolonger, nous nous assîmes pour mieux causer, moi sur le tas de pierres, elle à mes pieds à la façon arabe. Elle mit son coude droit sur mon genou gauche, son menton appuyé sur la paume de sa main, son regard dans le mien. Malgré l'absence de la lune, le ciel de ces pays chauds est tellement limpide que les étoiles éclairent assez pour permettre de se reconnaître.

Après lui avoir dit tout ce que la reconnaissance peut inspirer en présence d'un tel dévouement, je l'engageai à ne pas songer plus longtemps à cet amour qui ne pouvait que la perdre. Je lui annonçai en même temps que je partais le lendemain matin pour Tuggurt et le Souf, et que je ne savais pas quand je serais de retour. Je t'attendrai, me dit-elle, tant que Dieu voudra. Je serai ta Fatma jusqu'à la fin de mes jours. Dis-moi seulement que la fille de la caravane, que Fatma, la fille du Sahara, ne t'est point indifférente, et que tu lui donneras une place dans ton cœur. Je lui répondis qu'en effet je l'avais remarquée au milieu de ses compagnes, que sa beauté m'avait frappé, que ses yeux m'avaient touché, que j'avais ressenti à sa vue un trouble indicible, mais que la raison m'avait dit aussitôt qu'entre elle et moi, il y avait un précipice qui nous empêchait de nous joindre, que ce précipice était sa religion. Non, oh! non, Roumi, tu es dans l'erreur, dit-elle, sache bien que l'amour n'a pas de religion, ou plutôt il est de toutes les religions. Il a des lois qui sont les mêmes partout et auxquelles nous devons nous soumettre sans vouloir les discuter, sous peine d'être malheureux. Si tu n'as que cette objection, et si tu m'aimes, oh! si tu m'aimes, je serai à toi et le bonheur sera avec nous.

Pendant qu'elle parlait elle se rapprocha insensiblement de moi, serra mes genoux entre ses bras et sa poitrine haletante, me couvrit les mains de chauds baisers, se leva doucement en me couvant de ses yeux brûlants, et vint se placer sur mes genoux en passant ses bras autour de mon cou. J'étais étourdi de toutes les émotions qui s'emparaient de moi, mon cœur battait avec violence, je commençais à être inquiet des conséquences de cette entrevue, et il me tardait de rentrer. Mais plus je voulais me détacher de ses bras, plus elle me serrait contre sa poitrine. Ses lèvres cherchèrent les miennes, elles se rencontrèrent, je devins fou d'ivresse, et notre amour fut scellé par un de ces doux baisers dont on garde le souvenir jusqu'à son dernier jour.

Deux heures se passèrent à savourer les délices de ce premier entretien, et Fatma me fit promettre de revenir par El-Kantra et d'y rester quelques jours. Je promis tout ce qu'elle voulut, car j'avais tout oublié dans ses bras : mon voyage, ma patrie, ma religion.

Elle retourna à sa tente en suivant le lit de l'Oued-Kantra en aval de l'oasis ; moi je rentrai au bordj tout ému, trop ému pour apprécier mon bonheur. Ma nuit fut agitée, je ne pus fermer l'œil, et au milieu de mes idées confuses je sentais toujours sur mes lèvres frémissantes l'empreinte brûlante du baiser suave de la fille du Sahara.

D'EL-KANTRA A EL-OUTAÏA.

Le 12 décembre au matin nous quittâmes El-Kantra. L'aurore commençait à poindre à l'orient au-dessus du Djebel-Essor et le soleil dorait de ses chauds rayons les cimes des montagnes de l'ouest, à 1 kil. de nous. La vallée peut avoir en cet endroit 3 kil. de largeur. Le fond en est horriblement raviné et plein de galets parfaitement polis comme ceux qu'on trouve sur le bord de la mer. Pendant 8 kilomètres la route gravit et descend tous ces petits mamelons et n'offre d'intéressant que les lauriers-roses qui croissent en abondance au bord de tous ces ravins. La vallée s'élargit peu à peu et le pays continuellement ondulé est bordé à droite et à gauche, à des distances de 15 à 20 kil., de montagnes qui vont toujours en s'affaiblissant à mesure qu'on gagne vers le sud.

En sortant d'un de ces nombreux ravins qui coupent perpendiculairement la route, nous vîmes à 400 mètres de nous, trois Arabes mettre pied à terre, abattre la bride devant les pieds de leurs chevaux, et se prosterner vers la Mekke. Les mahométans doivent faire journellement cinq prières, mais en route elles sont réduites à trois. La première, celle dite du *milieu*, se fait à l'apparition de l'aurore ; la seconde à l'asr, vers trois heures, et la troisième au mar'reb, moment où le soleil se couche. La prière du matin est la plus méritoire, sans doute parce qu'elle oblige le croyant à se lever, et à rompre ainsi son sommeil. Mahomet connaissait bien la paresse des Arabes.

Les Arabes religieux portent habituellement au cou un chapelet de graines de bois venu de la Mekke. Ce chapelet a 99 grains. Il est divisé en 3 parties par 3 morceaux de bois tourné, dont 2 ont une longueur de 3 centimètres, et le troisième est plus grand. Pour prier, les musulmans commencent par le gros bout qu'on nomme *mejma*. En tenant la mejma ils disent: Allah il

Allah Mohamed Ressoul Allah ; Dieu est Dieu, Mahomet prophète de Dieu. A chaque grain ils disent : Allah il Allah.

A mesure qu'on marche vers El-Outaïa, le sol devient de plus en plus sablonneux, la végétation décroît, on ne voit plus que quelques rares buissons, quelques touffes de joncs et de plantes grasses. Cette plaine très-ondulée est couverte de nombreux mamelons de 15 à 20 mètres de hauteur à plateaux horizontaux qui doivent avoir appartenu à la même surface horizontale. Les eaux, à des époques que je ne puis déterminer, auront remué ce terrain et en auront emporté une partie. Ce qui reste ressemble à ces témoins qu'on laisse dans les déblais pour reconnaître les anciens niveaux du sol. L'aspect de ces parages est monotone, et les eaux ont dû occuper ces espaces au temps où le Sahara était une mer.

Après avoir traversé une dernière fois l'Oued-Kantra avant d'arriver à El-Outaïa, on trouve des amas de pierres formant des espèces de tumulus de 1 à 2 mètres de hauteur. Ces pierres ont une signification, sinon pour tous les Arabes, au moins pour quelques-unes des nombreuses tribus qui suivent cette route, au printemps, pour aller faire leurs récoltes dans le Tell, et à l'automne pour retourner dans le Sahara, où elles passent l'hiver au milieu des palmiers.

Cette coutume des Arabes de constater un événement par des pierres brutes date de la plus haute antiquité. Nous lisons en effet dans la Genèse : Laban, apprenant que Jacob s'était enfui avec ses femmes, ses enfants et ses troupeaux, vers la terre de Chanaan, se mit à sa poursuite et l'atteignit. A la vue des tentes de Jacob, Laban fut attendri en songeant que tout ce peuple était ses filles et ses enfants. Il dit alors à Jacob : Viens, formons une alliance qui soit un témoignage entre toi et moi. Jacob alors prit une *pierre* et l'éleva comme un monument : il dit aussi à ses frères : Apportez des *pierres*, et ses frères ayant *amassé des pierres* en firent une élévation sur laquelle ils mangèrent. Laban l'appela *l'élévation du témoin* (Galaad).

Au livre de Josué il est dit :

Josué, après avoir traversé le Jourdain, ordonna aux douze tribus de désigner chacune un homme et de les envoyer prendre une *pierre* dans le lit du Jourdain. Josué réunit ces douze pierres, les dressa à Gargal afin d'être, pour les enfants d'Israël, un monument éternel du passage du Jourdain.

Partout en Afrique on trouve de ces pierres.

A cent pas plus loin quelques ruines romaines sont sur le bord de la route. Elles sont peu importantes et deviennent plus rares à mesure qu'on avance vers le désert.

Après quelques détours au milieu de ce labyrinthe de mamelons délités tout couverts d'efflorescences salines, on atteint la plaine d'El-Outaïa.

El-Outaïa signifie en arabe *petite plaine*, sans doute par opposition au désert. L'oasis de ce nom est au commencement de cette plaine qui mesure 60,000 hectares. On la traverse dans sa partie est qui a 16 kilomètres de longueur. El-Outaïa est une faible oasis, dont les palmiers sont jeunes. Située en pays plat, et entre le désert et les montagnes, cette oasis a eu beaucoup à souffrir des Arabes de la montagne et de ceux du Sahara, aussi n'a-t-elle repris que depuis la chute de Zaatcha.

Le caravansérail ressemble à celui d'El-Kantra, on y est bien couché, la cuisine est assez bonne.

A l'est d'El-Outaïa coule l'Oued-Kantra. Au delà de cette rivière et à 4 kilomètres environ s'élève une immense montagne de sel gemme, nommée Djebel Melah, et qu'on exploite à coups de pioche. Elle peut avoir 8 à 10 kilomètres de longueur et 100 mètres de hauteur. Le sel est celui employé par les habitants d'El-Outaïa et de 80 kilomètres à la ronde ; il est un peu chargé de silice.

La plaine d'El-Outaïa est appelée à un grand avenir. On y a recommencé en 1863 la culture du coton. Quinze hectares ont reçu des plants de coton longue soie, sea-island, qui ont parfaitement réussi et qui ont donné les plus beaux résultats. L'année 1864 a vu 150 hectares consacrés à cette intéressante culture.

La plaine est arrosée par des séguias qui prennent l'eau dans l'Oued-Kantra. Des études sont faites pour établir des barrages et retenir les eaux qui vont se perdre dans les sables. Le sol ici est formé de couches de sable et d'argile. Ce sont des terrains d'alluvion d'une grande épaisseur, et qui conviennent à la culture du cotonnier dont la racine est pivotante.

D'EL-OUTAÏA A BISKRA.

Le lendemain 12, à la pointe du jour, notre petite caravane se mit en route. Chacun avait hâte de voir le désert. La route va droit au sud. Elle est bornée de ce côté par un dernier soulèvement de roches calcaires qui forme la dernière chaîne de montagnes qu'on franchit avant d'arriver à Biskra. Cette montagne est le Djebel-bou-R'azal (la montagne père des gazelles). A 4 kilomètres environ avant d'arriver à la montagne on passe devant une salpêtrerie exploitée par l'artillerie. Dans la plaine on voit des tentes et de nombreux troupeaux. Avant de gravir le Djebel-bou-

R'azal on traverse une dernière fois l'Oued-Kantra qui dans la plaine prend le nom d'Oued-el-Outaïa. La route tracée en zig-zag sur le flanc nord du Djebel-bou-R'azal est bonne. Quand on se retourne vers El-Outaïa on découvre très-bien la plaine qui ressemble à un grand bassin entouré de montagnes. On a à 40 ou 50 kil. au nord et à l'est les cimes de l'Aurès, dénudées et brûlées par le soleil ; à l'ouest quelques montagnes peu élevées, fort éloignées et qui se découvrent à peine dans le lointain.

Après un quart d'heure d'ascension nous atteignîmes le col de Sfa, et nous eûmes devant nous..... rien..... la fin du monde..... le vide. On reste saisi à la vue d'un tel tableau. Quelques secondes après l'œil découvre une ligne vaporeuse bleue à l'horizon semblable à la mer, c'est le Sahara (le désert). Du col de Sfa à Biskra on compte 8 kilomètres. Biskra est la première oasis du désert, elle apparaît comme une ligne horizontale, sombre comme des algues marines au bord de l'Océan. Une heure après nous arrivions à Biskra.

BISKRA.

BISKRA.

Dès qu'on est descendu du col de Sfa on circule au milieu de fortes collines de sable qui masquent l'horizon. Après avoir gravi la dernière qui n'a que quelques mètres de hauteur on a Biskra à 3 ou 400 mètres devant soi. Biskra paraît ravissant. Le fort Saint-Germain est la première construction qui frappe la vue. C'est un rectangle qui a 400 mètres de longueur sur 200 de largeur environ. Il renferme tous les établissements militaires : une caserne pour 500 hommes ; des écuries pour 200 chevaux ; un hôpital pour 55 à 60 malades ; une manutention pouvant fabriquer 6 à 7,000 rations par jour ; des silos et des caves pour recevoir des vivres et des liquides ; des citernes contenant 900 mètres cubes d'eau. Tous ces établissements sont à terrasse, entourés de mûriers, de palmiers : ils présentent un aspect riant et se détachent en blanc sur le fond vert de l'oasis. Au milieu de la place qui sépare le fort de la ville on a bâti une petite église, style roman, de fort bon goût.

La nouvelle ville est construite en briques de terre cuites au soleil, les rues sont alignées au cordeau, les maisons n'ont qu'un rez-de-chaussée à l'exception de quelques-unes. Elle compte 174 habitants européens. Elle contient une halle fort animée. Biskra est au 37° de latitude nord, à 110 mètres environ au-dessus du niveau de la mer. L'Oued-Kantra, qui s'est transformé en Oued-el-Outaïa dans la plaine de ce nom, prend ici celui d'Oued-Biskra. Cette rivière longe l'oasis à l'est et se perd un peu plus bas dans les sables.

Nous fûmes parfaitement reçus par le commandant supérieur M***, chef d'escadron d'état-major, qui nous invita à dîner. Le café fut servi dans le jardin du commandant. Ce jardin, quoique petit, est des plus agréables ; les palmiers peu élancés faisaient un dôme de verdure de leurs rameaux découpés à travers lesquels on entrevoyait les étoiles. Les bougies éclairaient de leur lueur pâle le feuillage qui nous entourait, la fumée des cigares montait lentement au ciel. Le calme le plus doux régnait dans l'atmosphère, l'air me paraissait plus pur. Nous étions tous joyeux de nous savoir à Biskra, cette oasis dont tous les voyageurs vantent les palmiers et la fraîcheur. On parla beaucoup de la France, de sa mission civilisatrice.

On s'entretint naturellement de la route que nous devions parcourir ; des vipères et des scorpions que nous avions la chance de rencontrer ; de la mauvaise eau, de la chaleur, de la poussière, des oasis, enfin des émotions qui nous attendaient. Le théâtre eut son tour ainsi que la littérature. Un des invités, habitant de Biskra, voulut bien, sur la demande du commandant, nous réciter quelques vers de sa façon.

Puisque vous le désirez, nous dit-il, je ne me ferai pas prier, je réclame seulement votre indulgence. La petite pièce que vous allez entendre est intitulée : *Si j'étais le Roi;* titre un peu prétentieux, mais dans ce pays enchanté que ne rêve-t-on pas quand on fume sa cigarette sous les palmiers de Biskra !

SI J'ÉTAIS LE ROI.

Je voudrais à tes pieds, mon bon ange que j'aime,
Déposer mes lauriers avec mon diadème,
    Si j'étais le Roi.

    Oh! si j'étais le Roi!
Nous irions loin du monde
Par delà l'océan
Où le soleil abonde,
Et, là, comme un enfant,
Heureux de mon délire,
Je voudrais, chère Elvire,
Vivre d'un long baiser
Que tu voudrais donner
A ton amant fidèle
Que charme ta prunelle.
Que je serais heureux
Si nous n'étions que deux
Assis sur la verdure,
Et que ta voix si pure
Voulût bien prononcer
Ces mots qui font rêver!
Doux moments de la vie
Qu'on traite de folie!
Ne crains point de m'aimer,
Ne crains pas de briser
L'enveloppe glacée
Qui retient ta pensée.
Viens, livre-moi ton cœur,
Je suis homme d'honneur

Et je porte une épée.
Ne sois pas effrayée.
Dieu nous fit les amours
Pour charmer nos beaux jours.

Je voudrais à tes pieds, mon bon ange que j'aime,
Déposer mes lauriers avec mon diadème,
  Si j'étais le Roi.

  Mais, si j'étais le Roi !
Tu aurais des dentelles,
Des blondes, des bijoux,
Cachemires, ombrelles,
Et je serais jaloux
De te voir la plus belle,
De vivre sous ton aile,
A tes genoux assis.
Tu aurais des rubis,
Une riche ottomane,
Tu serais ma sultane !
Tu aurais des coursiers
Avec des chars légers ;
Puis une brigantine
A la voile latine,
Un palais de cristal
Du style oriental.
Oh ! je voudrais sans cesse
Te couvrir de caresses ;
Prévenir tes désirs,
Adoucir tes soupirs ;
N'avoir qu'une pensée
Pour toi, ma bien-aimée.

Te donner tout mon sang,
Abandonner mon rang,
Briser mon diadème
Pour toi, femme que j'aime,
Et dans tes bras mourir
D'extase et de plaisir.

Je voudrais à tes pieds, mon bon ange que j'aime,
Déposer mes lauriers avec mon diadème,
Si j'étais le Roi.
Que ne suis-je le Roi !

On s'empressa de complimenter l'auteur et de le remercier de sa complaisance. Un de ses amis lui demanda de nous réciter *le Chien*. J'ai retenu cette pièce et je la transcris ci-après :

LE CHIEN.

Tu couvres de baisers ton chien
Et pour moi pas une caresse.
Pour toi, dis-tu, je ne suis rien.
Hélas ! que n'es-tu ma maîtresse !

Aurais-tu donc peur de m'aimer ?
Mais si tu veux fuir mes tendresses,
Pour t'empêcher de t'envoler,
Je te couvrirai de caresses.

L'amour est le suprême bien.
Si tu veux être ma maîtresse
Je prends la place de ton chien
Avec tout ton amour pour laisse.

Après ce morceau tant soit peu épicurien, je demandai la permission de lire une petite pièce qui m'avait été inspirée un soir en revenant de la campagne. C'était vers la Saint-Jean, époque où les vers luisants illuminent les buissons et semblent vouloir célébrer le solstice d'été. On fit silence et je débitai les vers que voici :

LE VER LUISANT.

J'aperçois dans le coin bien sombre
D'un noir buisson un point brillant,
Comme une lumière dans l'ombre,
Comme une étoile au firmament ;

Comme une lampe sépulcrale
Qui brûle auprès d'un malheureux
Qui rejette son dernier râle
Espérant vers Dieu trouver mieux.

On croirait voir les funérailles
D'un phalène, habitant des nuits,
Que l'on cache dans les entrailles
D'un buisson, sans fête, ni bruit.

C'est la femelle d'un lampyre
Dont le corps est ombre et clarté,
Dont le ventre, la nuit, peut luire
Quand tout est dans l'obscurité.

Soyons, comme ce ver de terre,
Ombre par notre humilité,
Et servons-nous de la lumière
Pour entrer dans l'éternité.

Pour terminer la soirée on proposa d'aller faire un tour par la ville et de visiter les cafés maures et les ouled-naïls. On alluma de nouveaux cigares et l'on partit.

CAFÉS MAURES ET OULED-NAÏLS.

Les cafés maures de Biskra sont des salles basses dans lesquelles on descend par quelques gradins. La salle est éclairée par de mauvaises veilleuses suspendues au plafond. Elles sont à hauteur d'homme et gênent la circulation. Autour de la salle sont des bancs en maçonnerie recouverts d'une simple natte d'alfa et qu'on qualifie du titre pompeux de divans ; le plafond est supporté par des colonnes en pierre ou en troncs de palmier. Au pied de ces colonnes il y a des soubassements en pierres sur lesquels on s'asseoit. Sur tous ces divans primitifs les Arabes prennent place les jambes croisées. La cheminée où se fait le café est dans un coin. Le café arabe n'est pas filtré, il est simplement bouilli, non clarifié et servi avec son résidu. Les tables sont inconnues dans ces établissements. Tous les cafés maures se ressemblent. Une musique, composée d'une espèce de bignou; d'un t'bal, caisse de moyenne dimension et d'un than, tambour de basque, égaie l'assemblée. Ces musiciens sont habituellement des nègres. Le nègre qui tient le tambour de basque accompagne la musique de cris atroces, le tout en mesure.

Au bruit de cette mélodie barbare, les filles de joie arrivent, se placent sur les bancs, et, une à une, elles exécutent successivement une danse lente, lascive, mais peu récréative. Leur but étant de séduire les spectateurs, elles ont par moment des mouvements de hanche et de bassin qui attirent l'attention et peuvent provoquer le désir de la possession. Après la danse le café leur est offert par les galants.

Ces filles de joie, au nombre de 60 environ, sont les ouled-naïls dont on parle dans toute l'Afrique. Elles appartiennent à une tribu nombreuse sise au nord de Laghouat, dans la province d'Alger. Elles quittent jeunes leurs tentes pour aller à Alger, à Constantine, à Biskra, etc., trafiquer de leurs amours, ramasser un peu d'argent et retourner au pays où elles sont certaines alors d'être recherchées en mariage. Elles sont blanches pour la plupart, leur coiffure est formée des tresses de leurs cheveux auxquelles elles ajoutent des tresses de laine noire ou brune, suivant la couleur de leur chevelure. Elles sont couvertes de bijoux ; leurs boucles d'oreilles, en argent ordinairement, en or quelquefois, ont au moins douze à quinze centimètres de diamètre, elles en ont trois ou quatre paires suspendues par des rubans sur les tempes. Leurs joues et leurs fronts sont tatoués ; leurs sourcils peints en noir, leurs ongles colorés de henné. Leurs colliers ne sont que de la verroterie, quelques-unes cependant ont des colliers de pièces de 20 francs, de sequins ; j'en ai vu qui valaient jusqu'à 400 francs. Elles ont aussi des chaînes d'or entremêlées de bijoux qui leur descendent sur la poitrine. Beaucoup de ces filles ont pour trois à quatre mille francs de valeurs sur elles.

En sortant de ce café qui est dans le quartier des ouled-naïls, nous vîmes la porte de chaque maison, ou case, ornée d'une lanterne carrée. La lanterne indique la demeure d'une ouled-naïl. Quand la lanterne est à la porte, c'est que la fille est disponible ; elle est alors soit au café, soit dans la rue, soit assise devant sa porte attendant un amateur. Elles sont très-réservées dans la rue et ne provoquent personne. Quand la lanterne n'est pas à la porte, c'est que la fille d'Ève est occupée. La curiosité nous poussa à visiter l'intérieur d'une habitation de ces lorettes du Sahara. Chaque logement se compose de deux petites pièces, ou plutôt d'une pièce de 6 mètres de surface divisée en deux par une cloison dans laquelle se trouve une petite ouverture carrée de 0,26 c. de côté destinée à recevoir la lanterne de manière à éclairer les deux pièces. Dans la cloison on a ménagé un passage pour la communication d'une pièce à l'autre. Leur lit n'est qu'un divan de maçonnerie sur lequel une natte est étendue ; les élégantes ont quelquefois une freschia, couverture de laine à couleurs vives et variées. C'est un véritable bouge dégoûtant à voir et à sentir. J'en eus bientôt assez. Après quelques tournées dans ce quartier où l'on n'entend que musique et cris de joie, depuis huit heures du matin jusqu'à onze heures du soir, nous rentrâmes chez nous. Autant le quartier des ouled-naïls est bruyant, autant le reste de la ville est calme.

Nous étions descendus à l'hôtel du Sahara, le

meilleur de l'endroit, parce qu'il n'y en avait pas d'autre à cette époque. Depuis, on cite la maison Bourguignon où l'on est très-bien. Les chambres de cet hôtel sont au rez-de-chaussée, à l'exception de deux bâties sur la terrasse. Demandez une de celles-ci, elles sont plus saines et vous n'aurez pas la crainte de trouver dans votre lit un scorpion. Le scorpion, inconnu à Paris, est un insecte aptère, venimeux, de la famille des arachnides. La queue du scorpion est terminée par un dard dont la piqûre est quelquefois mortelle. Un enfant de sept ans était mort de la piqûre d'un scorpion quinze jours avant notre arrivée. L'animal s'était introduit la nuit dans le pantalon de l'enfant qui fut piqué en s'habillant. Il vécut 48 heures et mourut dans des souffrances horribles.

Dès que je fus rentré dans ma chambre, vers onze heures, j'éprouvai le besoin de prendre l'air sur la terrasse et de reposer mes yeux sur ce ciel noir brillant d'étoiles. En France les étoiles de la grande Ourse ne sont pas toutes bien visibles; ici les plus petites de cette constellation sont aussi éclatantes que les plus grandes peuvent l'être en France. Les étoiles de la nébuleuse dite les Pléiades sont tellement distinctes qu'on peut les compter à l'œil nu. Vénus paraît quatre fois plus grande qu'à Paris.

On aime à promener ses regards dans la profondeur de ce ciel où l'on découvre toujours d'autres globes au delà de tous ceux qu'on connaît. Les sciences ont aujourd'hui des instruments qui font voir ce qu'on supposait en théorie. Au delà de tout ce qu'on peut concevoir on trouve encore quelque chose, plus loin autre chose, des étoiles, des étoiles et ainsi de suite jusqu'à l'infini. Et quand on ne voit plus rien, parce que les instruments sont impuissants à découvrir, la raison nous dit qu'il y a encore quelque chose, et qu'il doit toujours y avoir quelque chose à mesure qu'on avance. On ne peut comprendre qu'il n'y ait plus rien. Et en supposant qu'on trouvât le vide, le même raisonnement recommencerait sur ce vide, et on aurait le vide, puis le vide, toujours le vide à l'infini. Les systèmes planétaires sont ainsi l'expression matérielle de l'éternité. Alors on admire, on est ému, on sent que Dieu est là, comme partout, et l'on se trouve bien petit en présence de toutes ces créations dont les mondes ne sont que des grains de sable.

Le lendemain matin nous allâmes visiter l'oasis.

Biskra fit sa soumission en 1844. Une compagnie d'infanterie indigène avec ses officiers et ses sous-officiers français fut laissée dans la vieille casbah située au bout de l'oasis. La colonne était à peine partie que ces officiers et sous-officiers étaient massacrés. Les noms de ces victimes du devoir sont :

 Petitgrand, lieutenant de tirailleurs indigènes.
 Crochard, sous-lieutenant   *idem.*
 Arcelin, aide-major.
 Fischer, sergent-fourrier.

Un seul, le sergent-major, aujourd'hui capitaine aux chasseurs à pied, échappa au massacre. L'amour, dit-on, avait veillé sur lui ; Vénus est toujours avec Mars, comme au temps d'Homère.

L'oasis divisée en sept villages peut avoir 1,200 hectares de superficie. Elle contenait le 1ᵉʳ janvier 1863, 4,890 habitants indigènes, Arabes, nègres, Mzabites, juifs ; dans ce nombre ne sont pas comprises les tribus nomades qui habitent le Tell en été, et qui viennent camper l'hiver autour de Biskra. C'était jadis la population la plus riche et la plus puissante, mais depuis notre occupation la propriété tend à changer de mains.

Les maisons sont toutes du même modèle, en pisé, à terrasse, à porte basse, entourées de jardins plantés de palmiers et d'arbres fruitiers. Toutes ces bâtisses sans ordre forment un dédale dont il n'est pas facile de sortir.

Les parties non enclavées de murs sont plantées également de palmiers. Tous sont d'une belle venue, on n'en compte pas moins de 150,000 et 7,000 oliviers. Chaque palmier rapporte par an de 80 à 100 kilog. de dattes. La datte est le pain du désert. C'est un fruit très-nourrissant et très-sain. C'est l'aliment principal de tous les peuples du Sahara. Les Arabes cultivent peu les légumes. Les troupes de la garnison ont quelques jardins qu'elles soignent elles-mêmes, et qui leur donnent des légumes pour les ordinaires des compagnies ou escadrons.

De nombreuses séguias parcourent l'oasis dans tous les sens; l'eau coule en abondance, elle vient de l'Oued-Biskra. La prise d'eau est située à 500 mètres environ en amont du fort St-Germain. Au-dessus de cette prise d'eau on voit encore sur un mamelon les ruines d'un fort turc qui dominait la prise d'eau et commandait ainsi à l'oasis.

Sous ces beaux palmiers, aux stipes élancés, on respire à l'aise. L'Européen est séduit par l'aspect de cette végétation vigoureuse toute nouvelle pour lui. La population arabe, proprement vêtue de burnous blancs, fait bien dans ce paysage. On croirait voir des dominicains circulant dans les allées de leurs couvents.

A l'extrémité de l'oasis, du côté sud, sont les ruines de la vieille Casbah, celle qui fut occupée aux premiers jours de la conquête par la compagnie d'indigènes qui massacra ses officiers et sous-officiers français. De la Casbah nous allâmes au vieux cimetière visiter la tombe qui abrite nos braves compatriotes. Nous sommes peiné d'avoir à dire qu'elle est dans un délabrement complet. Il est triste de voir ainsi oubliée cette tombe qui renferme les dépouilles de nos braves soldats. La gloire ne serait-elle qu'un vain nom !

En revenant de cette promenade on nous fit entrer chez le principal cultivateur de la localité qui s'occupe de la culture du coton. La culture se fait dans la plaine d'El-Outaïa, et l'égrenage à Biskra au moyen d'une machine ingénieuse mise en mouvement par un cheval. Elle pourrait être mue par l'eau, la vapeur ; c'est ce qui aura lieu plus tard quand la culture du coton aura pris plus de développement.

JARDIN BOTANIQUE.

Pour bien employer le temps qui nous restait avant dîner, on se dirigea vers le jardin botanique qui est à 600 mètres à l'ouest de Biskra. Là sont réunis des arbres de toutes les latitudes de l'Afrique. Je visitai avec infiniment de plaisir cette pépinière qui n'a pour ainsi dire rien de commun avec celles de France. On y compte plus de 120 espèces d'arbres ou arbustes. Là croissent des bambous, des gommiers, des acacias variés, des bananiers, des papayers. Ces derniers sont curieux en ce que les fruits adhèrent au tronc. Toutes ces plantations sont entremêlées de palmiers, de figuiers, de tamarins, de thuyas, de yuccas, de pins. J'ai éprouvé une certaine jouissance à me promener sous ces magnifiques bananiers aux feuilles larges et souples. Dans la région équatoriale la banane est l'aliment de prédilection des indigènes. La récolte ne manque jamais, et le goût en est varié suivant le degré de maturité.

CLOU DE BISKRA.

En rentrant nous vîmes sur la porte d'une maison un homme atteint du clou de Biskra. Le clou de Biskra, redouté des Européens, ressemble, dit-on, au clou d'Alep; c'est une énorme grosseur qui peut avoir 3 à 4 centimètres à la base et qui fait saillie d'un centimètre sur la peau. Vu de profil il représente un cône tronqué. La partie supérieure, ordinairement circulaire, est évasée d'un à 2 centimètres. Elle est creuse comme le cratère d'un volcan, et il en sort souvent de la matière purulente mêlée de sang. On peut n'avoir qu'un, deux ou trois clous; mais il y a des personnes qui en ont vingt, trente. Il en résulte pour elles des souffrances atroces ; impossibilité de s'asseoir ou de se coucher ; de là insomnie, accablement. Quand les clous sont guéris, il reste une marque circulaire d'un bleu violacé, marbré.

Le clou de Biskra existe dans les oasis voisines, à Sidi-Ogba, aux Ouled-Djellal, même à Laghouat. Je ne l'ai point vu à Tuggurt. On ne le trouve pas chez les Beni-Mzab, m'a-t-on dit.

EAUX CHAUDES D'HAMMAM SALAÏN

(BAIN DES SAINS).

Le lendemain j'allai avec le médecin de l'hôpital militaire de Biskra visiter les eaux chaudes qui sont à 6 kil. nord-ouest de l'oasis. La source est située au milieu de buttes de soulèvement dans un terrain de calcaire grossier, couvert d'efflorescences de magnésie. Elle sort en bouillonnant, au milieu d'un bassin carré de 4 mètres de côté et d'un mètre de profondeur. Ce bassin, naturel dans le principe, a été accommodé aux exigences des baigneurs. Des gradins permettent de descendre facilement. Cette piscine est couverte d'une toiture supportée par des piliers afin d'abriter les malades contre les ardeurs du soleil. Elle est située au centre d'une cour carrée formée par des bâtiments qui contiennent des chambres où les baigneurs déposent leurs effets, et où ils peuvent se reposer après le bain.

La température de l'eau est de 45° à peu près. Cette température peut de prime abord paraître élevée, mais si l'on considère qu'en été le thermomètre marque à l'ombre 48°, on comprendra qu'une partie de l'année l'eau doit paraître fraîche, ou au moins à peine tiède.

Ces eaux portent le nom d'Hammam Salaïn (Bain des Sains). Elles dégagent une forte odeur sulfureuse, et leur densité, m'a-t-on dit, est de 1,007 ; l'analyse y aurait trouvé :

Acides : sulfurique, sulfhydrique, chlorhydrique, carbonique, silicique.

Bases : chaux, magnésie, principe d'iode.

Le docteur considère ces eaux comme stimulantes par leur composition chimique et par leur température. Elles sont dangereuses pour les Européens qui ont une prédisposition aux congestions cérébrales, pulmonaires, intestinales. Les tempéraments sanguins doivent s'en abstenir. Il a constaté l'efficacité réelle de ces eaux dans les ulcères chroniques, scrofuleux, syphilitiques ; les eaux détergent les parties malades, les excitent et hâtent la cicatrisation. On peut prendre ces eaux toute l'année, puisque le thermomètre reste toujours au-dessus de zéro à Biskra.

L'hiver à Biskra est d'une beauté absolue ; c'est le paradis terrestre, la ville des plaisirs, et où les femmes sont toujours jeunes, au dire des Arabes.

La durée du bain est limitée de quelques secondes à quelques minutes.

Nous trouvâmes au bain quelques ouled-naïls qui ne s'effarouchèrent point de notre approche. Nous les vîmes dans la tenue de Vénus sortant des ondes... Elles sont affreuses.

TRAITS CARACTÉRISTIQUES DES MŒURS ARABES.

En revenant d'Hammam Salaïn le docteur me raconta quelques faits arabes que j'ai cru devoir noter. Les nègres, me dit-il, sont laborieux, doux, tranquilles et n'ont jamais affaire avec la justice. L'Arabe au contraire est menteur. Le mensonge pour lui, c'est de la réserve, de la prudence. Il a une tendance très-prononcée à s'approprier le bien d'autrui. Le vol est commun chez eux, le meurtre très-fréquent. La jalousie inspirée par l'amour ou la vengeance est la cause la plus ordinaire des crimes. L'adultère aussi est très-commun, mais la punition se fait rarement attendre. La plupart des morts ou des blessés grièvement qui sont soumis à l'observation médico-légale ont été tués ou frappés en flagrant délit d'adultère par un mari qui n'entendait pas plaisanterie à ce sujet. Il me donna comme exemples les citations suivantes :

1° Un jeune homme avait des relations criminelles avec la femme d'un voisin. Le commerce amoureux durait depuis longtemps et les amants étaient heureux. Chaque soir le jeune homme pénétrait au logis de la dame de ses pensées. Voici par quel moyen il parvenait à son but à la barbe même de l'Arabe jaloux. Dans beaucoup de maisons des oasis une séguia passe dans une portion des bâtiments, soit une cour, soit une chambre. Elle y arrive par un espace libre ménagé dans le mur et sort par une autre ouverture semblable; en un mot il se présente des maisons qui sont à cheval sur un petit cours d'eau. Quand la nuit était venue, l'amant se mettait nu, entrait dans la séguia, s'y couchait, passait sous le mur et se trouvait dans l'intérieur de la maison où il était attendu, et où il recevait la récompense de sa hardiesse. Mais dans la vie tout a une fin. Un voisin malencontreux s'aperçut des démarches nocturnes du jeune homme et prévint l'époux qui se tint sur ses gardes et en mesure de punir le coupable. Le soir même l'amant ayant renouvelé sa manœuvre reçut un coup de fusil qui lui cassa la jambe. Il voulut naturellement fuir, mais comme il est difficile de ramper dans la séguia pour passer sous le mur, il fut atteint par le mari qui l'assomma à coups de bâton.

2° Dans quelques tribus il existe des coutumes qui ont force de loi et qu'il est dangereux de vouloir violer ou de chercher à s'y soustraire. Dans une tribu du cercle de Biskra il n'est pas permis à un père de marier sa fille avec un étranger quand un membre de la tribu l'a demandée. Il est défendu aussi à un homme de la tribu de prendre en mariage une femme divorcée sans la permission du premier mari. Le mépris de cette dernière coutume coûta cher à un jeune savant arabe élevé dans une zaouia réputée.

La science peut pour quelque temps détourner un homme des obligations imposées à chaque être par les lois génésiques, mais il arrive une époque où la nature reprend ses droits. A sa sortie du collége et de retour au pays, Benadji s'éprit d'un violent amour pour Hadja, femme divorcée, et voulut l'épouser. Aux bruits qui se répandirent de ce mariage, Ben-Kassem, le premier époux, fit savoir à Benadji qu'il ne lui donnait pas la permission de prendre Hadja pour femme, et que s'il persistait dans son dessein, il aurait affaire à lui. Les obstacles exaltent l'imagination des amoureux. Benadji, décidé à enlever sa future, se rend un soir avec trois de ses amis à la tente de sa prétendue, mais il est reçu à coups de fusil par des amis de Ben-Kassem; il remet la partie à plus tard. A quelque temps de là il l'enlève et la cache dans une tribu voisine, pour donner à l'irritation publique le temps de s'apaiser.

Un beau jour et lorsqu'il croit tout oublié, il épouse Hadja et revient dans sa tribu pour célébrer ses noces. A son arrivée chacun s'éloigne de lui, pas un habitant ne veut manger le mouton du festin nuptial. Le soir Benadji se croit heureux pour toujours et se félicite d'avoir osé, lui savant, rompre une coutume égoïste et injuste. La nuit réunit les époux, l'aurore les retrouve heureux, sept jours s'écoulent dans le plus parfait bonheur. Le huitième jour au matin Benadji est assassiné dans sa maison, à la porte de la chambre nuptiale, par Ben-Kassem, premier mari de Hadja.

3° L'anecdote suivante prouve que si les maris sont terribles, les pères ne sont pas moins soucieux de l'honneur de leurs belles-filles.

Le cheick d'un petit village avait depuis peu marié ses deux fils avec deux jeunes filles. A l'époque de l'émigration, alors que les hommes vont échanger leurs produits soit dans le Tell, soit dans le Sahara, le vieillard prudent avait engagé ses fils à ne pas emmener leurs femmes et à les laisser sous sa garde ; ils y consentirent. Le cheick avait avec lui sa femme aveugle et vieille. Ils couchaient tous les quatre dans la même chambre ; les deux jeunes femmes sur un lit élevé, le cheick et la femme aveugle par terre sur des nattes. Fatma, l'aînée des deux jeunes femmes, avait aimé avant son mariage Mohamed Ben Taleb qu'elle aurait voulu épouser, mais ses parents en avaient décidé autrement. Après le mariage les relations continuèrent entre les amants. Quand les fils du cheick partirent pour le Tell, Mohamed Ben Taleb fit semblant d'émigrer et revint bientôt après à l'insu de tout le monde. Le cheick fut obligé un jour d'aller à Biskra pour son service, et devait y rester trois jours. Fatma prévient son amant et l'introduisit dans la chambre commune, ayant sa belle-sœur pour confidente. La belle-mère ne pouvait rien voir, puisqu'elle était aveugle. Deux jours et deux nuits se passent heureusement, mais le cheick revient inopinément le troisième jour au soir, et se couche à côté de sa femme.

Pendant le sommeil des vieilles gens, Mohamed Ben Taleb veut s'esquiver. Dans ses mouvements il a le malheur de heurter la jambe de la vieille femme qui se met à crier. Le cheick se réveille, aperçoit Mohamed et se précipite sur lui. Une lutte s'engage, et Mohamed ne parvient à s'échapper qu'en laissant ses habits. Le vieillard saisit une arme, poursuit le jeune homme et le rejoint. Nouvelle lutte. Les parents du cheick surviennent et Mohamed reste mort sur place.

4° Comme études de mœurs les événements suivants prouvent la sauvagerie du caractère arabe.

Une caravane arrive dans un village. Les habitants assis en cercle se lèvent tous pour saluer les voyageurs; un seul, Si Ben Rachel, reste couché. Sidi Bou Merzoug s'en aperçoit, va chercher son fusil, revient, et demande à Si Ben Rachel pourquoi il ne s'est pas levé. Celui-ci n'ayant rien à répondre se lève et veut quitter la place. Sidi Bou Merzoug ne lui en laisse pas le loisir, il le met en joue, fait feu et l'étend mort.

5° Autre histoire qui vaut la précédente :

Ahmed Ben Thameur vivait en assez mauvaise intelligence avec Aïcha sa femme. Un soir il propose à celle-ci de quitter le pays et d'aller dans le Djerid. Elle refuse de consentir à cette émigration. Ahmed ne fait pas d'observations. On se couche. Ahmed se montre très-aimable dans l'espoir de la décider, mais ses caresses sont sans succès. Le lendemain matin de bonne heure, il se lève, met le bât sur le mulet et rentre pour insister auprès de sa femme. Celle-ci résiste toujours. Alors, dit-il, embrasse-moi, car je veux partir. Au moment où elle l'embrasse elle reçoit un coup de pistolet qui la blesse mortellement. Pour se justifier Ahmed Ben Thameur accuse sa femme d'adultère.

6° Une mère est battue très-brutalement par son fils (fait très-rare chez les musulmans qui ont un grand respect pour leurs mères). Cette femme va porter plainte et accuse son mari. L'enquête judiciaire a lieu et prouve que c'est le fils et non le mari qui est le coupable. On se demande tout d'abord quel est le motif qui porte cette femme à accuser son mari ? Le voici : si l'accusation est acceptée et le mari condamné, elle peut divorcer et, dans ce cas, elle emporte sa dot. Tout est bénéfice pour elle alors, car d'un seul coup elle a sa dot, et le plaisir d'être débarrassée de son mari qu'elle aime peu, comme toutes les femmes arabes, et de son fils, puisque celui-ci doit toujours suivre son père.

7° Voici un échantillon de l'amour paternel chez les Arabes.

Un mari ordonne à sa femme de porter un fardeau d'un point à un autre. Pour effectuer le trajet il fallait franchir un pont très-étroit formé d'une seule poutre sur un ravin ; le passage était difficile et dangereux. La femme qui avait déjà son enfant sur le dos, à la manière arabe, prend le fardeau et marche. Arrivée sur le pont, elle chancelle, tombe, se blesse grièvement et l'enfant est tué du coup. En bonne mère elle pleure la mort de son enfant et se désole, le mari la console de son mieux. C'est un malheur, dit-il, c'était écrit. Le lendemain notre homme se rend chez le cadi pour obtenir de sa femme la dia. C'était mille francs, attendu qu'il avait perdu un garçon. Il prétendait que la mère devait prendre ses précautions.

8° Exemple d'amour maternel :

Une mère a un fils tué en flagrant délit de vol. Malgré cela elle demande vengeance. On rapproche les deux parties pour arriver à un arrangement. On lui offre mille francs pour terminer l'affaire. « Cent francs de plus, dit-elle, et ce sera fini. »

9° Pour terminer, le docteur me raconta ce qui suit comme type d'amour fraternel :

Dans une tente nombreuse vivaient deux frères. Le plus jeune était très-actif, l'autre était aveugle. Un soir, au moment de se coucher, ils se disputèrent à propos d'une natte. Le petit se moqua de l'aîné, qui fut froissé et répondit laconiquement : « Je me vengerai. » Quand la nuit est bien complète, l'aveugle vient trouver sa mère et lui demande où est son frère. « Il est couché, il dort, répond celle-ci, il est auprès de moi.—Je voudrais le toucher, » reprend l'aîné. La mère satisfait à cette demande. L'aveugle palpe son frère afin de le reconnaître, et, quand il est sûr de l'identité, il tire de son burnous un pistolet qu'il décharge dans le flanc de son jeune frère. On jette aussitôt les hauts cris, on pleure, on accuse, on menace, on se plaint le soir même; mais la nuit porte conseil, et le lendemain les parents assuraient que cet enfant s'était tué par accident. Ils avaient perdu un enfant, se disaient-ils, il ne fallait pas perdre l'autre en le livrant à la justice des Français.

Ces différents récits suffisent pour faire connaître le caractère des Arabes. Ils sont jaloux de leurs femmes, que je ne puis pas mieux peindre qu'en les comparant à des guenons couvertes de guenilles, sales, flétries, et infectant à quinze pas. Les Arabes sont menteurs, paresseux, faux comme des Carthaginois. Il n'y a rien à espérer de cette race, à l'exception de quelques familles qui sont à la tête du pouvoir politique de nos tribus. Ces familles ont de l'intelligence, de l'énergie, de la noblesse et goûtent notre civilisation; mais, quant au peuple, il n'y a rien à en tirer, et le régime du sabre est le seul qu'il comprenne et qui lui convienne.

Comme nous avions tout vu à Biskra, il fut décidé qu'on partirait le lendemain, 17 décembre, pour Tuggurt. Nous employâmes la journée du 16 à nous procurer 4 chameaux, quelques accessoires qui nous manquaient encore, un petit tonneau de 60 litres de vin, et du pain pour 9 jours. Le maître d'hôtel remplit nos cantines, afin que rien ne nous manquât pendant notre excursion. Nous fîmes nos adieux au commandant supérieur, qui nous donna un guide sûr pour nous piloter pendant le voyage. Le fils du banquier seul m'accompagna dans l'excursion qui va suivre. Les autres voyageurs restèrent à Biskra.

DÉPART DE BISKRA POUR TUGGURT.

1ʳᵉ JOURNÉE, DE BISKRA A BORDJ SAADA, 28 KILOMÈTRES.

Le 17 décembre, au point du jour, j'étais sur pied. Au lever du soleil, un léger brouillard de 2 à 3 mètres de hauteur seulement couvrait la plaine et lui donnait l'apparence d'une baie, d'un golfe baignant les pieds de l'Aurès à gauche et ceux du Djebel-R'azal en arrière à droite.

A 8 heures, le ciel était pur, le vent à l'est, c'était le premier quartier de la lune ; tout promettait une belle journée. A 9 heures, les 4 chameaux que nous avions loués, pour porter nos tentes et l'orge nécessaire à la nourriture de nos animaux, n'étaient pas encore arrivés. Nous nous mîmes à déjeuner. Pendant le repas, les chameaux arrivèrent ; on les chargea, ainsi que nos mulets, et l'on sella les chevaux. A 10 heures, nous étions en marche et nous traversions toute l'oasis. Au dehors de l'oasis sont les terres ensemencées, qu'on quitte bientôt pour entrer dans des espèces de landes. Le soleil était chaud, l'air pur ; nous étions heureux de nous sentir en route pour Tuggurt.

Jusqu'à 16 kil. de Biskra on ne trouve que des touffes de tarf de 1 à 2 mètres de hauteur au plus, et beaucoup de tamarins de petite dimension. Une heure après on atteint la forêt de Saâda. On donne le nom de forêt à une espèce de taillis formé de tamarins dont les plus hauts n'atteignent pas 2 mètres. Cette forêt a plus de deux lieues de largeur, on la traverse en entier pour arriver au Bordj de Saâda. Dans les grandes crues, l'Oued-Djedi (rivière du Grand-Père), qui passe à 50 mètres en deçà de Saâda, déborde et envahit la forêt. Il n'est plus possible alors de la franchir sans danger. L'Oued-Djedi a de l'eau en toutes saisons. Nous arrivâmes à 2 heures 30 minutes ; nous avions toujours été au pas.

Le Bordj de Saâda est à 28 kil. de Biskra. Il est situé sur un plateau de quelques mètres d'élévation et qui domine la forêt. Ce Bordj a environ 50 mètres de face, il est carré et bastionné. Les deux bastions de la diagonale qui va du nord-est au nord-ouest ont un premier étage et forment réduits. Celui du nord-est est habité par la famille du caïd. Les chambres des hôtes, que nous devions occuper, en notre qualité de voyageurs, sont sur la façade d'entrée au nord. Les trois autres faces sont des écuries-hangars. Les faces, les flancs et les courtines du Bordj sont crénelés. La mangeoire des écuries sert de banquette aux défenseurs. La cour est vaste et contient un silos.

Au nord du Bordj, on voit, à 40 ou 50 kil., une ceinture de hautes montagnes ; ce sont les Aurès, le Djebel-Amar-Kadou et le Djebel-R'azal ; dans la plaine à l'ouest, des tentes, à l'est Aïn-Naga.

Le temps était superbe. A 5 heures, le thermomètre marquait 15 degrés centigrades au-dessus de zéro ; nous étions au 17 décembre. Le soleil s'était couché dans un ciel pur. Une demi-heure après les troupeaux ralliaient le Bordj et se groupaient diversement. Leur ensemble présentait une mosaïque de blanc et de noir comme un damier. Quelques instants après tout se confondait dans la plaine.

Je rentrai au Bordj, dans la chambre des hôtes.

Le fils du caïd nous y attendait. En l'absence de son père il nous offrit du cousscouss, un haricot de mouton et du café. Notre chef avait eu le temps de nous préparer quelque chose, de sorte que nous invitâmes le fils du caïd à dîner avec nous. Il nous raconta ou plutôt nous fit comprendre qu'il élevait des faucons. Après le repas, il nous conduisit dans le bastion sud-ouest qui renferme sa fauconnerie ; il nous en montra six encapuchonnés et dont il faisait l'éducation. Il leur enleva les capuchons. Ces animaux, à peine apprivoisés, ne parurent pas s'effrayer d'être caressés par des étrangers. J'admirai l'œil intelligent de ces carnassiers et la puissance de leurs serres.

Un poste de six khiéla est toujours à la disposition du caïd. Les khiéla sont des spahis bleus, espèce de gendarmerie maure. On les appelle spahis bleus parce que leur burnous est bleu de roi.

SETHIL SUR L'OUED-EL-BAHADJ

A 44 KILOMÈTRES DE SAADA (2ᵉ JOURNÉE).

Le 18, à 7 heures 30 minutes du matin, nous quittâmes le Bordj, après avoir pris le café de tradition avec le fils du caïd. Le soleil était voilé ; aussi la matinée fut-elle très-fraîche et dûmes-nous cheminer couverts de nos cabans.

En partant de Saâda, on marche pendant 4 kil. sur un plateau couvert de petites pierres calcaires, de couleurs variées et de la grosseur d'une noisette. Au delà, le terrain s'abaisse un peu, et l'on continue de monter insensiblement et de descendre alternativement pendant 20 kil. Ces dépressions de terrain et ces élévations n'ont pas plus de 3 mètres de différence de niveau. Les parties élevées sont couvertes de galets ; les parties basses sont formées de sables fins, souvent couvertes d'herbes.

Après 15 kil. de marche, on a sur le bord de la route, à droite, un puits ensablé, c'est El-Chefeur. A partir de ce point, et jusqu'à 6 kil. plus loin, le terrain est couvert de touffes d'herbes grasses bien fournies, et leur ensemble forme une prairie où les chameaux viennent paître. Les chameaux, en voyage, mangent en marchant. Cette nourriture, prise à droite et à gauche, suffit quelquefois à leurs besoins.

BIR-CHEGGA, PUITS DE LA FENTE.

A 24 kil. de Saâda est Bir-Chegga. C'est un petit caravansérail, avec une chambre pour les voyageurs et une petite cuisine. Ce bâtiment n'a que 12 mètres de côté sur 16 de face.

Cette station importante offre 4 puits artésiens. Le premier, dans la cour du caravansérail, donne 22 litres d'eau à la minute. Cette eau est très-chargée de magnésie et, par conséquent, purgative au suprême degré. Le second, à 100 mètres au sud du premier, produit 4,000 litres d'eau à la minute.

Le troisième, à l'ouest, donne à peu près autant. Le quatrième, à l'est, donne peu. Le sol est blanc de magnésie dans un rayon de 600 mètres.

Un poste de 6 khiéla est attaché à ce caravansérail pour les besoins du service journalier.

Plus de 200 chameaux étaient à l'abreuvoir. Le fils du cheik nous offrit du lait de chèvre, du cousscouss et le café. Le cheik était à Biskra avec celui de Saâda. Après une heure de repos, on quitta Chegga. A 3 kil. je ramassai de fort belles pierres brillantes et lamelleuses ; c'était du sulfate de chaux transparent.

A 12 kil. plus loin, on rencontre, sur le côté droit du chemin, une borne en pierres sèches de 1^m,50 de hauteur. Cette construction, répétée de kilomètre en kilomètre, et dans une direction qui oblique un peu à l'ouest de la route, indique le chemin d'Oum-el-Chiour par Bir-Sedria. Ces landes sont tellement uniformes qu'il serait impossible d'aller à Oum-el-Chiour sans ces bornes milliaires. De ce point, la vue s'étend très-loin, et l'on aperçoit les collines de Koudiat-ed-Dour.

Une heure après on découvre sur la droite, à 3 ou 4 kilom., un monticule rouge, c'est Bir-Sedria ou Bir-Sedir.

Quelque temps après nous touchions Sethil sur

l'Oued-el-Bahadj (rivière de l'éventreur). Nous étions à 20 kil. de Chegga. Il était 5 heures, le soleil venait de se coucher. Nous étions au milieu de hautes broussailles sur la rive gauche d'une rivière dont le lit était à sec. Nous y trouvâmes 2 puits ensablés. On appelle ici puits un trou d'un mètre de profondeur pratiqué avec une pelle dans le lit même de la rivière. Quand une crue survient, les trous sont comblés et le voyageur qui arrive en fait un devant le point qu'il a choisi pour camper. Nous creusâmes deux puits d'un mètre de profondeur. L'eau suinta, blanche, chargée de silice. On la laissa déposer et l'on s'en servit pour faire la soupe et pour boire.

On campe toujours sur le bord de l'Oued-Sethil, parce qu'on y trouve l'eau et le bois. Nous campâmes sur la rive gauche, avant de traverser le lit, c'est un tort. Comme on ne sait pas ce qui peut arriver pendant la nuit, et qu'une crue subite pourrait vous retenir le lendemain, il vaut mieux, dans un voyage d'agrément, mettre la rivière derrière soi afin de pouvoir lever le camp lorsqu'on le juge à propos.

Nous dressâmes nos tentes lestement. On ouvrit les cantines, on organisa une cuisine en plein air. La nuit nous couvrit bien vite, le feu nous éclaira, et la lune nous donna sa faible clarté qui nous fut très-utile. Elle nous permit d'organiser notre campement, car nous étions arrivés trop tard pour le faire de jour.

Une demi-heure après notre installation, d'autres feux illuminaient la plaine : c'étaient ceux des caravanes campées à 3, 4 et 500 mètres de nous sur le bord de l'Oued-Bahadj.

Le dîner fut servi auprès du feu et au clair de lune. Au dîner le guide, pour gagner notre confiance, nous donna un aperçu de son intelligence. C'était un Arabe d'une cinquantaine d'années, bavard, ce qui est rare chez ce peuple, vantard, ce qui est plus commun, et poseur, ce qui est dans ses habitudes. Il nous indiqua le moyen d'attacher son cheval au sol, lorsque dans le désert l'on n'a ni piquet, ni arbre, ni buisson. Voici le procédé, il est connu de tous les cavaliers français servant en Afrique. On fait un trou en terre, profond d'environ $0^m,50$, on attache ensuite la longe de l'animal autour de quelques brins de fagot, ou d'un bouchon de foin, de tarf. On place ce paquet en travers au fond du trou, on le recouvre de terre fortement damée et le cheval se trouve attaché. Nos chevaux ont toujours campé ainsi dans le Souf au delà de Tuggurt.

Il nous fit aussi connaître comment on peut déterminer le nord et le sud dans le Sahara algérien, lorsque le ciel est complétement couvert, pourvu qu'il y ait sur le sol quelques touffes d'herbe, de tarf ou autre plante. La direction du sud est toujours du côté où le sable est le plus amoncelé contre la touffe d'herbe. Je vérifiai le fait, il était de la plus grande exactitude, la partie tournée vers le nord est presque dépourvue de sable, tandis que la partie sud en est bien garnie. J'en ai conclu que les vents du nord dans ces parages sont plus violents et plus constants que les vents du sud.

Notre campement n'étant pas nombreux, je jugeai prudent de nous faire garder la nuit. Deux de nos hommes alternativement firent sentinelle, ils se relevèrent de deux heures en deux heures.

Avant de me coucher je fis une inspection pour voir si nos animaux étaient bien attachés, et si nos objets étaient groupés sous l'œil de notre sentinelle. Quelques moments après j'étais dans ma tente sur mon lit de campagne ; mon compagnon de voyage était déjà sur le sien. Nous n'avions pris qu'une tente pour nous deux, mais j'avais eu soin d'en prendre une double, ce qui est une bonne précaution contre le chaud et contre le froid ; j'ai eu lieu de m'en réjouir. Mon sommeil fut léger. Au milieu de la nuit, vers 11 heures, je m'éveillai. Je voulus m'assurer que tout était pour le mieux autour de nous, je me levai. Notre sentinelle veillait. J'achevais à peine mon tour d'horizon que mes yeux s'arrêtèrent sur un groupe de sept ou huit individus qui pouvaient être à 200 pas de nous dans la direction du sud. Ces individus paraissaient observer notre campement, et sans doute dans de mauvaises intentions. Je réveillai le guide pour lui faire part de mes observations, et lui montrer ce qui m'inquiétait. Sois tranquille, me dit-il avec ce calme des Arabes, ce sont des tombes élevées par les Français en l'honneur d'un cheick mort en combattant pour eux. Dors, les morts ne reviennent pas.

MR'EIR, prononcez MRAÏER,

A 44 KILOMÈTRES DE SETHIL (3ᵉ JOURNÉE).

On leva le camp de Sethil à 7 heures et demie. Le temps était magnifique. Nous allâmes visiter les tumulus élevés en l'honneur de ce cheick qui, surpris par le schérif, se fit tuer avec les siens plutôt que de nous trahir. Ces tombes ne sont que des pierres brutes réunies avec du mortier en pyramides de deux mètres de hauteur. Elles sont au nombre de neuf. Nous rendîmes hommage au courage malheureux et nous continuâmes notre chemin en appuyant à gauche de manière à prendre le sentier qui longe le Chot Melr'ir, et à laisser sur notre droite Oum-el-Kiour.

La plaine couverte de mottes de tarf est remplie de superbes graminées d'une belle venue. On y remarque surtout le brôme de Madrid. Nos chevaux, qui n'avaient eu que de l'orge à manger la veille, prirent avec avidité ce fourrage qui est excellent. La plaine va toujours en s'élevant insensiblement vers le sud dans la faible proportion d'un millième. Des troupeaux de chameaux paissaient à notre gauche. Un berger vint nous offrir du lait de chamelle, suivant l'usage antique, nous le goûtâmes par curiosité. Il me parut légèrement acidulé et peu agréable à boire.

Nous atteignîmes ensuite les collines de Koudiat-ed-dour d'où l'on domine le lac de 25 mètres. Nous avions là, devant nous, à 2 kil., le Chot-Melr'ir dans toute sa beauté. C'est un lac immense qui se perd à l'horizon. Le soleil se reflétait sur ces milliers de petites vagues. A droite du lac nous apercevions des points et des lignes sombres qui nous révélaient la présence des mystérieuses oasis de l'Oued-R'ir. Ce tableau est imposant par son immensité bordée d'une ligne imperceptible à l'horizon, derrière laquelle se cache l'infini. Sur notre droite apparaissait le minaret blanc d'Oum-el-Kiour. Sur les flancs de la colline qui s'incline brusquement du côté du lac miroitait une grande quantité de sulfate de chaux, lamelleux et transparent. Au bas de la colline sont deux buttes de sable sur le talus desquelles on voit parfaitement une ligne horizontale qui doit avoir été battue jadis par les eaux du lac.

Nous nous arrêtâmes au bord du lac pour déjeuner d'une omelette et d'un gigot. Comme il n'y a pas d'eau potable en cet endroit, et que celle du Chot est amère, nous fûmes privés de café. J'avoue qu'au désert et par la chaleur c'est une bien grande privation. Je jurai, mais un peu tard, qu'on ne m'y prendrait plus. Aussi le déjeuner fut-il très-court. On repartit au plus tôt.

Les sentiers frayés par les caravanes longent fort longtemps le Chot et l'on est sur un terrain marécageux, couvert d'efflorescences de sel et de magnésie. Le sol en est blanc, ce qui fait que de loin on croit voir de l'eau ; c'est ce qui produit une partie des mirages. Nos chevaux enfonçaient presque à mi-jambe dans ces terres détrempées. Ce passage est dangereux dans les temps de pluie, aussi l'évite-t-on ordinairement et passe-t-on par Oum-el-Kiour. Ce mauvais chemin règne pendant 4 kil.

Bientôt un groupe de palmiers sur notre droite nous annonça l'approche des oasis, puis nous arrivâmes à Our'ir, oasis inhabitée située sur le bord du Chot Melr'ir ; nous avions fait environ 28 kil., il nous en restait encore 16 pour arriver au gîte. Il faisait chaud, le ciel était lourd ; peut-être nous paraissait-il ainsi parce'que nous n'avions pas pris de café. Quelques nuages venaient de temps en temps masquer le soleil et permettaient à la brise de l'est de rafraîchir nos visages.

Dans la partie est de l'oasis est la Kouba de Sidi Meurlifi. La source qui féconde cette oasis sans habitants est à côté de la Kouba. De la Kouba on distingue au sud-est à 6 kil. l'oasis de Dandouga.

A 500 mètres en avant d'Our'ir on passe à côté de l'oasis de N'sira (petite aigle), qu'on laisse à gauche. Elle est de même inhabitée et aussi peu importante que la précédente. Ces oasis inhabitées appartiennent à des nomades qui vivent l'été dans le Tell et l'hiver au Sahara.

A 14 kil. plus loin nous touchâmes l'oasis de Mr'eir. Le chemin circule au milieu des jardins qui sont magnifiques, et où l'orge est cultivée sous les palmiers. Elle y formait le 19 décembre un tapis de verdure d'une belle venue. Le village est au delà des jardins dont il est séparé par une place. Le chemin qui y conduit est encaissé et souvent envahi par les eaux des séguias. Nos chevaux avaient de l'eau à mi-jambe. Nous nous installâmes sur la place qui possède un puits artésien arabe. Le village composé de 600 habitants environ est sur un plateau élevé de 3 à 4 mètres et entouré d'un mur en terre. Il possède deux mosquées.

En dehors du village du côté du sud, les Français ont creusé un puits artésien, comme ceux de Bir-Chegga; il donne 2,400 litres par minute.

A peine étions-nous installés que le cheick vint nous présenter ses respects et se mettre à notre disposition. Il nous fit apporter des dattes, des œufs, du lait et des pastèques. La foule accourut pour nous voir comme on se portait à Paris au-devant des peaux rouges.

Le cheick, de son propre mouvement, plaça auprès de nos tentes quatre hommes pour veiller la nuit, sur nous, nos animaux et nos bagages. Dans chaque oasis il y a toujours deux hommes au moins aux ordres du cheick qui s'en sert, soit pour les mettre à la disposition des voyageurs étrangers, soit pour les envoyer en estafettes vers les oasis voisines. Quand une nouvelle importante doit être transmise au commandant supérieur du cercle, l'homme envoyé en estafette est relevé d'oasis en oasis. Ces hommes sont d'excellents marcheurs et font leurs 8 kil. à l'heure.

Le coucher du soleil fut ravissant. A peine avait-il disparu que le ciel devint d'un rouge orangé le plus pur. La terre, par une ligne sombre, marquait l'horizon que quelques palmiers rompaient gracieusement. L'air était doux, l'atmosphère était calme, le ciel limpide. En se tournant à l'orient on avait devant les yeux un tableau délicieux. A gauche et devant soi des palmiers aux têtes échevelées, à droite le village semblable à une forteresse surmontée d'une mosquée blanche. Une légère vapeur bleue sortait des palmiers et couvrait le village d'une gaze transparente. La lune, qui était depuis longtemps sur l'horizon, et qui avait pris de la force en l'absence du soleil, jetait son reflet argenté sur ce paysage fantastique qui pouvait donner une idée d'une soirée sous les tropiques.

Le soir, des chameliers nomades campèrent à nos côtés pour bénéficier de la protection à laquelle nous avions droit de la part du cheick.

A 9 heures un tambour de basque se fit entendre ainsi qu'une grosse caisse. La musique se promena dans le village et vint ensuite de notre côté.

Elle se termina par des cris sauvages dignes des Hottentots. La danse et la musique paraissent être la principale occupation de ces enfants du désert qui vivent sous ces beaux palmiers aux régimes dorés.

Les chiens ne firent qu'aboyer une partie de la nuit en nous sentant aussi près du village. Les chameaux paisibles ruminèrent et les sobres chameliers babillèrent. Peu à peu leurs voix s'éteignirent et le silence régna autour de nous. Le calme de la nuit ne fut plus troublé par intervalles que par le cri métallique du coq chantant les heures qu'il lit dans le ciel, ce vaste cadran de l'horloge du temps.

L'aurore fut magnifique. Le village se découpa d'abord avec ses palmiers en silhouettes noires sur un fond couleur de feu. Le ciel s'éclaira peu à peu et éteignit ses étoiles ; quelques minces nuages rougirent d'abord et se dorèrent ensuite. Une belle vapeur bleue transparente se mêla aux palmiers et nous offrit un des plus beaux spectacles que l'homme puisse contempler. Le calme le plus parfait régnait dans l'atmosphère. On se sentait vivre au milieu de cette nature privilégiée dont on garde un bien doux souvenir.

OUR'LANA,

A 48 KILOMÈTRES DE MR'EIR (4ᵉ JOURNÉE).

A 7 heures nous étions en route. Le terrain devient plus aride à partir de Mr'eir, le sable augmente, les touffes d'herbe diminuent très-sensiblement. Le désert se déroulait devant nous tout uni, sans ondulations de terrain.

A 5 kil. trois palmiers sur la droite indiquent une source. Notez qu'il en est ainsi à chaque groupe de palmiers que l'on rencontre dans le désert. L'eau qu'on puise au pied de ces palmiers est rarement salée, sans être toujours bonne. Chemin faisant on traverse plusieurs ruisseaux dont quelques-uns sont salés.

A 2 kil. plus loin, un second groupe de cinq palmiers, sur la route, abrite une source dite : Aïn-el-Kerma (la source du figuier), il n'y a pas de figuier aujourd'hui, mais il est probable qu'à une époque reculée il en existait un sur ce point.

A 6 kil. au delà on voit à 600 mètres sur la droite du chemin, Sidi-Khélil. Cette oasis peut avoir 4 kil. de longueur. On aperçoit de la route deux dômes d'un marabout. C'est le tombeau de Sidi-Khélil. Les maisons grises à toit plat apparaissent par-dessus le mur d'enceinte. A cette distance ces maisons sont assez élevées pour donner une idée des pylônes des temples égyptiens.

Sidi-Khélil a 9 puits dont un artésien. Dès qu'on a dépassé cette oasis le terrain se relève en dunes fortes et forme une colline. A 2 kil. plus au sud d'autres dunes présentent une seconde colline de 7 à 8 mètres de hauteur. Entre ces dunes circule un ruisseau qui contient un filet d'eau en hiver. On traverse la seconde colline à un petit col que les Arabes nomment Bab-Sidi-Khélil (porte de M. Khélil). Le terrain n'est que sable. Enfin à 2 kil. plus en avant on arrive à Dra-mtâ-abd-er-ziz.

DRA-MTA-ABD-ER-ZIZ

(Le bras de l'homme chéri).

C'est un triste caravansérail en terre dont les murs n'ont pas 3 mètres de hauteur. Sa forme est un rectangle divisé en deux cours par un mur intérieur. La cour de l'est est crénelée et contient quatre chambres infectes, de vrais bouges, destinées aux voyageurs ; la cour de l'ouest a deux chambres pour le gardien. Un puits artésien français donne 20 litres par minute. Pendant le déjeuner un vent d'est s'éleva et nous fit grand bien, car le soleil était de plomb, et comme nous allions directement au sud il nous brûlait le visage. Le gardien du caravansérail donna un peu d'alfa à nos chevaux. Le sol est couvert de sulfates de chaux qui brillent au soleil. De Drâ-mtâ-abd-er-ziz on domine la plaine au bout de laquelle est Our'lana.

Nous quittâmes ce caravansérail après une heure de repos. Le vent d'est continua jusqu'à Our'lana. A peine étions-nous en marche que nous rencontrâmes le cheick de Mr'eir et celui de Sidi-Khélil qui revenaient de Tuggurt. Du plus loin qu'ils nous aperçurent ils accoururent au galop de leurs chevaux pour nous saluer. Arrivés à 30 pas de nous ils sautèrent à bas de leurs chevaux qu'ils laissèrent immobiles, et vinrent nous serrer la main et s'informer de notre santé. Après ces salamaleks ils nous souhaitèrent un bon voyage.

La plaine est assez unie, à part de légères ondulations qui donnent naissance à de petits cours d'eau pour la plupart salés. Il en est de même jusqu'à Our'lana. On est dans la région des oasis de l'Oued R'ir depuis Mr'eir. Leur ensemble forme une ligne allant du nord au sud jusqu'à Témacin, à 12 kil. au delà de Tuggurt. Ces oasis sont sur une nappe d'eau souterraine, car, partout où l'on creuse, on la trouve à 1 mètre au plus au-dessous du sol. Il en est ainsi dans tout l'Oued R'ir.

A 7 kil. de Dra-mtâ on a un bouquet de six palmiers et un puits artésien arabe. C'est Aïn-Rfihen (la source du corbeau).

A 7 kil. de là on passe au milieu de l'oasis de Zaouïet-Riab (la chapelle de M. Riab). Cette oasis forme plusieurs groupes. L'eau est tellement près de la surface du sol qu'elle suinte partout et qu'elle s'est ouvert un passage au milieu du chemin, à 100 mètres avant d'entrer dans l'oasis.

Le village se présente bien, il est carré comme un fort et possède une djémâ, et un caravansérail entretenu au moyen d'un revenu laissé par Sidi

Riab lors de sa mort. Les voyageurs y sont reçus et nourris.

Chez les Européens quand un homme très-riche meurt et qu'il n'a pas d'héritiers, il lègue parfois une partie de sa fortune soit à un hôpital, soit à une maison de bienfaisance pour l'entretien d'un certain nombre de lits mis au service des indigents. Ceux-ci alors sont nourris, logés et entretenus dans la maison. Au désert, on pense avant tout aux voyageurs, à ceux qui tous les ans émigrent pour les besoins du commerce, et l'on établit des caravansérails pour abriter et mettre en sûreté les caravanes et leurs bagages. Ce n'est que par exception que les voyageurs sont nourris dans les caravansérails.

A 4 kil. un puits arabe, Aïn Cheria (la fontaine du bouquet), est le dernier point à signaler avant Our'lana qui est à 11 kil. en avant de ce puits.

OUR'LANA.

Nous ne touchâmes Our'lana qu'à 5 heures du soir. La journée avait été chaude et très-fatigante. Our'lana est une belle oasis comprise entre deux villages : l'un à l'est, dit Mazzer, et l'autre à l'ouest, dit Our'lana. Nous campâmes devant ce dernier, sur une petite place, au milieu de marais pestilentiels, de tombes à demi ouvertes, et dans une atmosphère infecte. Un superbe puits artésien français était à côté de nous ; il donne 4,000 litres à la minute.

Derrière le puits on a dressé une petite pyramide, surmontée d'une croix en fer, élevée en souvenir du sous-lieutenant Lehaut, attaché aux puits artésiens, mort victime de son dévouement à la colonisation. On lit sur une des faces du monument :

A la Mémoire du sous-lieutenant LEHAUT, du 2e spahis.
18 juin 1860.

A l'ouest, sont des jardins de nouvelle création. Les terres sont soigneusement cultivées au moyen de séguias bien dirigées. Les eaux sont en abondance, mais elles rendent le pays malsain ; aussi y a-t-il beaucoup de fièvres en été et surtout en automne.

Chaque village est entouré d'un fossé plein d'eau et d'une enceinte crénelée en terre. Our'lana a deux portes, avec des abris à l'intérieur à droite et à gauche de la porte pour les gardes en cas de besoin. Dans l'oasis et sur le côté sud-est d'Our'lana, il existe deux pièces d'eau circulaires de

15 mètres de diamètre chacune à peu près. Ces deux bassins, partout ailleurs qu'au désert, n'auraient pas attiré mon attention, mais, après une journée brûlante, la vue de ces nappes d'eau rafraîchissait mes sens. Le moment était propice, la nuit était venue, un demi-jour azuré enveloppait les palmiers qui se reflétaient dans ces bassins. La surface calme de l'eau laissait voir au fond du gouffre la lune et les étoiles, comme à travers un immense télescope. On ne voit pas ici, comme dans les étangs des forêts de France, la blanche corolle des nénuphars surnager à la surface des eaux tranquilles, entourée de ses feuilles plates et presque circulaires. Tout était silencieux autour de nous, pas la moindre brise dans le feuillage, pas le moindre cri ne troublait l'atmosphère ; je me sentais ému devant un si beau spectacle. Le silence des oasis exalte l'âme.

En revenant, je visitai quelques rues d'Our'lana. A défaut de gaz, la lune complaisante me prêta sa douce clarté. Les rues sont sales et étroites comme toutes celles des oasis de l'Oued-R'ir. Les maisons, en terre, sont plus basses que toutes celles que nous avions vues jusqu'alors, à peine ont-elles $2^m,50$ de hauteur ; les portes ont tout au plus $1^m,10$. Il faut se courber pour entrer dans ces taudis enfumés. Ce sont de véritables écuries où un paysan français ne voudrait pas mettre ses porcs. Le cœur est affligé devant de semblables habitations ; aussi ces hommes sont-ils en partie scrofuleux. Presque tous ont les yeux châssieux. Beaucoup sont borgnes ou aveugles.

Malgré tous les inconvénients qui sont les conséquences de ces habitations humides, ces hommes aiment ces oasis et le désert, où ils goûtent les douceurs d'une indépendance tranquille aujourd'hui, à l'abri de la domination française. On comprend jusqu'à un certain point que ces hommes, à qui quelques dattes suffisent, qui n'ont pas besoin du luxe que crée la civilisation, on comprend, dis-je, qu'ils tiennent à leur soleil et à leur liberté.

Je rentrai dîner, et immédiatement après je me couchai. La journée avait été rude, j'étais fatigué. Nous reposâmes bien et nous ne partîmes le lendemain qu'à 9 heures et demie, notre intention étant de n'aller qu'à Sidi-Rachel, oasis à 24 kil. d'Our'lana.

SIDI-RACHEL,

A 24 KILOMÈTRES D'OUR'LANA (5ᵉ JOURNÉE).

Le camp fut levé à 9 heures et demie.

Nous étions au solstice d'hiver, le ciel était couvert, un vent froid du nord nous soufflait dans le dos. Le capuchon de mon caban me rendit grand service. Quelle différence avec la journée d'hier ! Il y avait sans doute quelque tempête dans les montagnes, du côté de Batna.

Au sortir d'Our'lana, on traverse l'oasis de Djemâ, qui a deux puits artésiens français : un en deçà de l'oasis ; il peut donner 3,600 litres par minute ; l'autre au delà. Ce dernier fournit environ 4,000 litres; sa construction remonte à quatre ans. Djemâ est entouré de beaux jardins.

On laisse sur la droite la petite oasis de Sidi-Iahia, et sur la gauche Sidi-Amran, oasis de 22,000 palmiers, qui possède un puits artésien français d'un débit de 4,000 litres à la minute.

Pendant 9 kil. on est continuellement dans le lit des Chots. On arrive alors à Tamerna-Kedima, (nos vieilles dattes), dont les dattiers sont d'une belle végétation ; ils précèdent le village. Celui-ci est garni d'un mur d'enceinte et d'un fossé alimenté par plusieurs sources. On peut ne pas traverser le village, il y a un chemin qui le contourne, mais n'oubliez pas de le visiter ; vous y verrez une vieille djemâ, dite Djemâ-Kébira, ancienne mosquée en ruine, sur une butte de sable de 7 à 8 mètres de hauteur, isolée au milieu d'une place. La plate-forme de cette djemâ est horizontale et soutenue par 36 piliers rectangulaires de $0^m,35$ sur $0^m,90$. Les cintres qui relient les piliers sont en fer à cheval, du style arabe. Ces 36 piliers présentent ainsi 5 arcades dans tous les sens, et 4 piliers voisins sont toujours réunis par un plafond en forme de calotte sphérique.

La nouvelle djemâ est sur un mamelon en face de l'ancienne ; elle n'a rien de remarquable.

En sortant de Tamerna-Kedima, nous vîmes une caravane de nomades campée aux pieds des palmiers. Depuis Mr'eir, nous n'avions plus vu de nomades ; la route, en revanche, était jalonnée de distance en distance par des carcasses de chameaux blanchies par le soleil. Depuis que nous étions dans la région des oasis, notre voyage était égayé par de beaux petits oiseaux, semblables à nos mésanges, mais un peu plus gros et à bec plus long. Ils marchaient sans crainte parallèlement à nous, sachant bien qu'il y a toujours quelque chose à glaner autour des voyageurs.

A mille pas de Tamerna-Kedima on a Tamerna-Djedida (nos nouvelles dattes).

On nous fit voir dans cette oasis plusieurs palmiers dont on avait coupé la tête, afin d'en recueillir la séve qui, par la fermentation, devient une liqueur connue sous le nom de vin de palmier. M. Boussingault, dans son remarquable ouvrage, intitulé : *Economie rurale, considérée dans ses rapports avec la chimie, la physique et la météorologie*, parle de cette liqueur vineuse.

On lira avec intérêt ce qui suit, et que nous extrayons de cet ouvrage, à l'article *Sucre de palmier* :

« Le palmier, qui, dans les parties méridionales

de l'Inde, fournit du sucre cristallisé en grande quantité, est connu à Sumatra sous le nom de *anau;* ses fruits forment par leur réunion des grappes d'environ 1 mètre de long. Les Indiens se procurent la séve, en coupant un des jets destinés à porter des fruits, et ajustant à la section fraîche un vase ou une calebasse dans laquelle le liquide se rassemble ; dans une grande culture on voit un appareil ainsi adapté à chaque palmier.

« La séve est enlevée toutes les 24 heures : il suffit de l'évaporer pour en extraire du sucre, qui ne diffère en rien du plus beau sucre de canne, quand il a été raffiné. A l'état brut, sous lequel il est consommé dans une grande partie des Indes, on le nomme *yaggri;* c'est alors une espèce de cassonade humide et gluante. *La séve du palmier est souvent transformée en une liqueur vineuse très-estimée des Indiens.* En général, les palmiers qui sont cultivés dans l'Inde donnent trois parties utiles : du sucre, de l'huile et une matière amylacée. »

A la sortie des jardins, et avant le village, on a foré un puits artésien donnant 2,000 litres à la minute. Le village, d'un aspect misérable, est sur une hauteur d'où l'on domine les palmiers situés au nord. L'horizon est nu, le sable devient plus mouvant, on commence à être dans un vrai désert, il n'y a que du sable, on ne voit plus d'herbe.

Un second puits artésien, de 3,000 litres de débit, se trouve dans les palmiers au sud-est du village. Le cheik, brave et digne vieillard, voulait nous retenir. « Nous veillerons sur toi, me dit-il, reste au milieu de nous quelques jours, rien ne te manquera. » Nous le remerciâmes. « Puisque tu veux partir, pars, mais pense à nous. Nous aimons les Français ; nous sommes heureux depuis que vous êtes venus. Nous pouvons cultiver nos champs, nos palmiers ; vous êtes nos protecteurs. Que Dieu soit avec toi ! »

Deux heures après, nous étions à Sidi-Rachel.

SIDI-RACHEL.

Cette oasis, d'un aspect triste, est ensablée à l'ouest. On ne voit que du sable et des palmiers. Avant d'entrer dans l'oasis on a, sur une butte de sable, la kouba de Sidi-Rachel, qui domine la position. Le désert, à l'ouest, s'étend à l'infini ; on n'aperçoit que des dunes de sable, sans palmiers, sans alfa, sans trace de végétation aucune. C'est la région de la mort ; on sent que le désert absolu n'est pas loin. Derrière cette butte, et du côté de l'oasis, on a creusé un puits artésien qui produit 3,000 litres.

Le village est d'abord invisible. Une simple palanque, au nord et à l'ouest, s'offre aux regards des voyageurs, et encore est-elle enfouie dans les sables en différents points. Quand on s'approche de cette palanque en troncs de palmier, on découvre à l'intérieur, et dans un fond, cinquante masures en terre et en troncs de palmier, à moitié couvertes par les sables. Le cœur s'attriste en voyant cette oasis déjà à moitié ensablée et qu'une tempête de sable peut détruire en une nuit. On contemple avec effroi cette mer de sable aussi dangereuse que l'océan. Le village n'est abordable qu'au sud et à l'est, où les derniers palmiers vivent encore. Beaucoup sont à demi enterrés. Au sud, quelques-uns même le sont jusqu'à la tête.

Nous campâmes au milieu des palmiers, au delà du village, au bas des dunes de sable, afin de nous abriter du vent du nord, qui avait des dispositions à souffler plus fort. La population ici est mélangée de noirs marrons. La masse est blanche hâlée, comme toute la race arabe.

Le ciel, qui était resté voilé toute la journée, avait donné au paysage un aspect sombre; nous étions tous tristes; le soleil, ici, c'est la gaieté, c'est la vie. Le temps se chargea beaucoup plus le soir et nous fit craindre un orage ou une tempête. Je donnai l'ordre de vérifier les piquets des tentes et de les enfoncer tant qu'on pourrait. Je fis bien, car un vent violent régna toute la nuit. Mon cheval, attaché à un palmier, fit un tapage extraordinaire, lui d'habitude calme. Il flairait avec force, jetait un cri particulier, frappait du pied, et sautait comme pour se dégager. Je crus que c'était par gaieté, mais le chamelier me dit le lendemain matin qu'un serpent était venu rôder autour du camp; je compris alors les inquiétudes de mon cheval. « Il y en a beaucoup dans cette oasis, me dit-il, et, l'été, il ne serait pas prudent de camper au milieu des palmiers; aussi reste-t-on sur la hauteur, à côté de la kouba. »

Au réveil, le temps était encore couvert, mais le vent avait cessé. Des moineaux francs se firent entendre autour de nous et vinrent ramasser les grains d'orge gaspillés par les mulets. A 7 heures, il plut un peu, ce qui nous fit plaisir, parce que nous avions beaucoup de sables à traverser, et qu'on y chemine mieux lorsqu'ils sont un peu humides. A 9 heures et demie nous levions le camp; la pluie avait cessé.

TUGGURT,

A 28 KILOMÈTRES DE SIDI-RACHEL (6ᵉ JOURNÉE).

22 décembre. De Sidi-Rachel à Tuggurt, il n'y a que l'oasis de R'omra qui est à 18 kil. de Sidi-Rachel. Pour s'y rendre on marche longtemps dans un chot desséché. Nous fîmes la rencontre de trois caravanes de 100 chameaux chacune au moins. C'est une distraction et un plaisir de voir des êtres vivants dans ces solitudes arides. On regarde avec curiosité ces hommes qui viennent du pays où l'on va.

Le temps s'éclaircit un peu, mais il resta voilé et devint lourd, chaud. Nous étions cependant au 22 décembre.

R'omra est composée de petites oasis. Elle possède un puits artésien. Elle est, comme Sidi-Rachel, envahie par les sables. La population n'est pas noire.

A l'est de R'omra est Mgarin, où fut livré, en 1854, un combat qui soumit l'Oued-R'ir.

A 1 kil. en avant de R'omra, et à gauche, on découvre les ruines d'une ancienne djemâ. Elle est sur une butte de sable de 4 à 5 mètres d'élévation. Cette djemâ, vue de R'omra, a l'apparence d'un vaste dolmen soutenu par des piliers. On dit qu'il y avait là un village du nom de *Thala*, détruit dans les guerres que l'Oued-R'ir eut à soutenir. Le plafond de cette djema repose sur 16 piliers. De cette position on découvre une multitude d'oasis et Tuggurt au sud. Au pied de ces ruines on cultive la garance. Le terrain, nu et aride tout alentour, est couvert ici de tamarins. Un puits artésien entretient la fraîcheur de ces arbustes et sert à arroser beaucoup de palmiers disséminés aux environs, restes probables de l'ancienne Thala.

A partir de R'omra, et de kilomètres en kilomètres, on a élevé au milieu de ces sables des bornes en pierres et mortier de 1^{m}50, elles indiquent la direction de Tuggurt. Au moment des tempêtes et des grands vents, quoique Tuggurt ne soit qu'à 10 kilomètres, il ne serait pas possible de se diriger vers cette ville sans ces grandes bornes milliaires.

Une heure avant d'arriver à Tuggurt la pluie nous prit ; elle tomba fine, serrée, et ne nous quitta plus jusqu'à Tuggurt.

Tuggurt, vue d'une lieue, a l'aspect d'une ville fortifiée défendue par deux forts détachés. Ces espèces de forts ne sont que deux villages : Sidi-Bou-Azis et Beni-Souït. Nous arrivâmes par le faubourg El-Balouch, au bout duquel on franchit un large fossé, sur un mauvais pont qui mène à la porte de la ville. Nous nous rendîmes de suite à la Casbah neuve où le lieutenant commandant les tirailleurs indigènes nous reçut. Il mit à notre disposition deux petites chambres où nous nous installâmes parfaitement. Après nous être changés nous visitâmes la ville.

TUGGURT ET TÉMACIN.

TUGGURT.

On donne le nom de Tuggurt à une vaste oasis située à 540 kil. au sud de Philippeville. Elle s'étend de l'est à l'ouest dans une longueur de 12 kil., et renferme plusieurs villages. Les Arabes appelent El-Bled, c'est-à-dire : la ville, ce que nous appelons Tuggurt. La ville de Tuggurt, capitale de l'Oued-R'ir, est entourée d'un fossé plein d'une eau marécageuse et infecte. On y entre par une seule porte, dite : Bab-el-Khoukha qui s'ouvre sur la rue des Nègres : Zgag-el-Abid, qui est bordée de petites maisons basses à rez-de-chaussée seulement, n'ayant que des boutiques composées de deux pièces très-petites. Les boutiques n'ont pas de comptoir, les marchandises sont à terre sur des tellis, ou sur de mauvaises étagères, et le marchand couche sur une natte au milieu de son magasin. La rue conduit au marché de la grande mosquée : Souk-el-djémâ-Kébira.

La mosquée est appuyée à un vieux minaret, reste d'un ancien monument. La Djémâ-Kébira a une cour. La façade de la mosquée, précédée d'un péristyle supporté par sept piliers carrés réunis par des arceaux en fer à cheval, donne sur cette cour. Le mur de la façade est revêtu de carreaux de faïence peints et vernis. Les deux portes de la mosquée sont garnies de gros clous disposés en fer à cheval. Les plafonds en dômes sont soutenus par 49 piliers. La grande coupole est découpée par des arabesques en plâtre fouillé, avec peintures à couleurs vives. Un lustre en bois peint, digne des premiers âges du monde, est pendu sous la grande coupole. Le mur qui correspond à la coupole est couvert de faïences peintes. On a placé en cet endroit une chaire en bois peint et sculpté, à laquelle on arrive par des gradins. On dirait une de ces échelles mobiles dont on se sert dans nos grandes bibliothèques publiques. Des nattes en feuilles de palmiers sont étendues sur le sol de toute la mosquée.

Nous montâmes au minaret, l'escalier en est facile. On gagne une plate-forme garnie d'un gardefou et surmontée d'un clocheton soutenu par quatre piliers. De cette tour on embrasse parfaitement la ville, et on domine toutes les terrasses des maisons. La vue s'étend au loin : au nord et à l'ouest des sables, au sud à 12 kil., Témacin avec ses minarets, et à l'est l'oasis de Tuggurt. A l'ouest de la ville étaient campées toutes les tentes venues d'Ouargla. Du haut de ce minaret on juge bien la position des oasis : ce sont des îles de palmiers au milieu d'une mer de sable.

En sortant de la mosquée nous avons suivi une petite rue à gauche qui nous a conduits derrière la mosquée. Nous avons trouvé, là, une rue couverte comme nos passages de Paris, avec cette différence qu'il n'y a pas de magasins, et qu'on n'y verrait pas clair si le plafond de ces passages n'était interrompu de distance en distance pour donner du jour sur la rue. Ces passages peuvent avoir 2^{m}50 de largeur, ils sont bordés de divans en maçonnerie qui empiètent sur la rue, et sur lesquels les habitants couchent pendant les chaleurs. Toutes ces maisons sont bien bâties quoiqu'en briques de terre cuites au soleil. Elles ont toutes une antichambre, l'atrium des anciens. Les portes des maisons sont bien construites. Les rues ne sont pas pavées, mais elles sont propres. Quand il a plu on enlève la boue et chaque propriétaire est tenu de jeter du sable devant sa maison. On doit ce règlement de police au lieutenant commandant les tirailleurs indigènes, Amar-ben-Abdallah que les Arabes appellent Sultan le Juste.

Presque toutes les maisons de ces rues couvertes ont un premier étage, espèce de grenier (guerfa), pour recevoir les dattes dont la récolte se fait en novembre. Les deux principales rues de Tuggurt sont couvertes. En suivant celle qui fait le tour on arrive sur la nouvelle place qui sert de marché le vendredi. Les maisons de cette place sont autant de boutiques à rez-de-chaussée seulement. Contre ces maisons on a construit des divans en pierre garantis des ardeurs du soleil par des toits de branches de palmiers soutenus en avant au moyen de piliers carrés en maçonnerie. On a ainsi devant les maisons une galerie continue comme dans la rue de Rivoli. Le 25 décembre, il n'y avait pas moins de 500 Arabes au marché. Tous étaient pleins de déférence pour nous.

En face des maisons et de l'autre côté de la place on a la vieille Casbah, massif de maçonnerie sans architecture, qui tombe en ruine. Elle est habitée par le caïd Aly-Bey dont nous nous entretiendrons un peu plus loin. A côté et à l'ouest de la vieille Casbah on a bâti une caserne neuve pour les tirailleurs indigènes dits : *turcos*. Elle peut contenir 70 hommes en temps ordinaire, et le triple dans un moment sérieux. Elle est à terrasse. Il est à regretter qu'on n'ait pas songé à y faire des arcades comme à celle de Biskra pour ménager un peu d'ombre dans ce pays où le soleil est plus souvent incommode qu'agréable.

Tuggurt est situé à 33 degrés et demi de latitude boréale. Elle est bornée à l'ouest par la confédération des Beni-Mzab, et à l'est par le Souf. Le thermomètre, à l'ombre, dans la Casbah, marque 46° pendant l'été. Durant la saison chaude la ville est très-malsaine, le mois d'octobre surtout est dangereux à passer. Les habitants qui le peuvent ne restent à Tuggurt que six mois de l'année et vont passer les fortes chaleurs dans l'Oued-Souf, à 100 kil. à l'est. Il fait plus chaud dans l'Oued-Souf, mais le pays est très-sain. Nous passâmes trois jours pleins à Tuggurt, les 23, 24 et 25 décembre. Nous y eûmes très-chaud, le 25.

La population de la ville n'est que de 600 habitants ; elle est de 6,000, pour tous les villages de l'oasis de Tuggurt. Cette population est blanche.

Les noirs que l'on voit sont d'anciens esclaves originaires du Soudan. Beaucoup d'Arabes sont marqués de la petite vérole. Les habitants de Tuggurt cultivent les dattiers, font des cordes avec le tissu filandreux du tronc des palmiers, et des paniers ou couffins avec les feuilles de ces arbres. On y fait aussi des pots en terre cuite ; ce sont les femmes qui se sont emparées de cette dernière industrie.

Le jardinage y est à bon compte. J'ai acheté pour mes chevaux 32 bottes de carottes pour 25 centimes, chaque botte contenait 20 petites carottes de la grosseur du pouce à peu près ; c'est donc 640 carottes pour 25 centimes, ou 128 carottes pour 5 centimes. En revanche on paie un œuf 10 centimes et on ne mange que du mouton, et de la volaille détestable.

Au milieu des palmiers on cultive l'abricotier, le figuier et le grenadier. La flore est réduite à sa plus simple expression.

Pour attacher les tirailleurs à Tuggurt on les a faits usufruitiers d'un certain nombre de palmiers. Ainsi l'officier a l'usufruit de 1,500 palmiers, ce qui lui rapporte environ 2,000 francs en sus de ses appointements. Chaque sous-officier a 75 palmiers, ce qui vaut 100 francs. Chaque soldat en a

50 qui produisent 75 francs. C'est pour eux un produit et une distraction.

L'oasis contient, dit-on, 500,000 palmiers.

La faune est peu variée.

Tuggurt abrite les hirondelles une grande partie de l'année. En novembre elles vont plus au sud, peut-être à Tombouctou, pour revenir en février. Il est probable que pendant les quatre mois d'hiver ces filles de l'air vont sous l'équateur chercher cette chaleur nécessaire à leur constitution si délicate.

Les autruches, si communes autrefois, se sont enfoncées plus avant dans le désert depuis que le commerce a pris plus d'extension, que les caravanes sont plus nombreuses et font des voyages plus fréquents.

Il y a peu de lièvres, quelques outardes, et des canards sauvages d'octobre en mars.

AMAR BEN ABDALLAH.

(7ᵉ journée.)

Le lendemain fut un jour consacré aux visites officielles. La première fut pour le commandant des tirailleurs, le lieutenant Amar ben Abdallah, un Hongrois expatrié. Sur notre demande il voulut bien nous raconter comment il était devenu lieutenant de tirailleurs indigènes, au service de la France.

Il prit la parole en ces termes :

Je suis d'origine allemande par mon père, nous dit-il, et d'origine hongroise par ma mère. Je suis né en 1849 dans le petit bourg de Sachsenfeld sur la frontière qui sépare la Styrie de la Hongrie. L'allemand est ma langue primitive, mais je parle l'italien, le français, le polonais, le hongrois et l'arabe. Dans ma jeunesse mes parents m'envoyèrent à l'école de Gratz, capitale de la Styrie, et plus tard à Vienne où je reçus un peu d'instruction.

A l'âge de 20 ans la Providence a fait de moi un soldat, et j'ai été incorporé dans l'artillerie autrichienne. J'obtins par la suite la faveur d'entrer à l'école d'artillerie d'où je sortis sous-officier. On m'envoya à l'armée d'Italie.

En 1848, au moment où la révolution française remuait tous les esprits en Europe, l'Italie et la Hongrie cherchèrent à secouer le joug autrichien. Un appel de la nation hongroise fut adressé à tous les patriotes qui se trouvaient incorporés dans l'armée autrichienne. Beaucoup de Hongrois quittèrent le service pour voler au secours de leur patrie, j'étais du nombre. Malheureusement notre cause n'était pas gagnée et les Autrichiens eurent le dessus. Alors il ne resta d'autre parti à prendre pour beaucoup d'entre nous que celui de fuir. Ma bonne étoile me guida vers la France, cette mère de la civilisation moderne qui sympathise à toutes les infortunes. Me trouvant sans ressources, je pris du service dans la légion étrangère, vers la fin de 1849, et l'on me plaça dans le 2e régiment en garnison à Batna. Mes connaissances topographiques me valurent d'être employé au bureau arabe de Biskra.

En 1854, mon régiment fut envoyé en Crimée. Je fis cette campagne dans laquelle j'atteignis la fin de mon congé. Je retournai alors à Biskra où j'espérais trouver un emploi pour gagner ma vie ; je fus employé chez un commerçant de cette ville. A quelque temps de là on organisa la colonne expéditionnaire qui devait soumettre Tuggurt.

Cette colonne, composée d'un bataillon du 68e, une compagnie de tirailleurs, une section d'artillerie, deux escadrons de chasseurs d'Afrique, deux escadrons de spahis, un goum de 1,000 chevaux et 1,500 fantassins, partit au mois de novembre 1854. Elle était commandée par M. le colonel de spahis Desvaux, aujourd'hui sous-gouverneur de l'Algérie. Le colonel avait pour éclaireurs une petite avant-garde composée de la compagnie de tirailleurs indigènes, d'un peloton de spahis et de cavaliers provenant des contingents arabes. Cette petite troupe fut mise sous les ordres du commandant Marmier chef d'escadrons, aujourd'hui colonel du 2e spahis. Il eut pour adjoint un chef de bureau arabe, M. le capitaine Séroka, en ce moment colonel commandant la subdivision de Batna. Ces éclaireurs traversèrent toutes les oasis sans résistance et sans rencontrer les contingents de Selman, cheik de Tuggurt. Le 26 le commandant Marmier atteignait Mgarin, oasis à 13 kil. nord-est de Tuggurt, et campait pour se reposer et attendre la colonne.

Le 29 au matin Selman est annoncé avec ses contingents au nombre de plus de 3,000 combattants. On prend les armes. A peine le commandant est-il à cheval que les coups de fusil se font entendre. La troupe est aussitôt disposée pour l'attaque, le commandant voulant donner le choc et non le recevoir.

La colonne, à peine formée, s'élance avec intrépidité sur les attaquants qui repoussent vigoureusement cette attaque. Nos soldats reviennent à la charge, culbutent les contingents qui sont mis en déroute et poursuivis jusqu'à l'oasis de Tuggurt. 500 Tuggurtiens ont trouvé la mort dans ce combat. La panique fut telle, m'a-t-on dit à Tuggurt, que 13 d'entre eux furent étouffés à la porte d'entrée, tant on se pressait pour pénétrer dans la ville et se mettre à l'abri du sabre des Français.

Le rapport officiel constate la prise de 5 drapeaux, 1,000 fusils et 100 sabres. Notre perte ne fut que de 10 tués et 38 blessés.

Le schérif Mohamed-ben-Abdallah se sauva, avec ses contingents, sur la route de Témacin. Le 1ᵉʳ décembre, au soir, Selman quittait la ville avec ses partisans.

Le lendemain, 2 décembre, anniversaire de la bataille d'Austerlitz, le commandant Marmier entrait dans Tuggurt avec ses spahis et ses tirailleurs. Tout l'honneur du combat de Mgarin revient à M. le colonel Marmier, commandant le 2ᵉ spahis.

La colonne expéditionnaire arriva le 5 décembre. Le colonel Desvaux reçut les soumissions des djemâ de l'Oued-R'ir et de l'Oued-Souf, et régla les dispositions générales de l'occupation. Il eut ainsi la gloire de donner à la France ces belles oasis qui forment un chapelet de verdure de Biskra à Tuggurt, et dont quelques grains précieux, détachés par un caprice de la nature, se retrouvent sur le chemin de Témacin à Ouargla.

Quelques jours plus tard le commandant supérieur du cercle de Biskra me faisait demander si je voulais accepter l'emploi de comptable auprès de la garnison qu'on se proposait de laisser à Tuggurt, sous le commandement d'un officier indigène. J'acceptai cette proposition et je partis pour Tuggurt, où j'arrivai le 27 décembre 1854.

Le 21 janvier 1855 on installa la garnison, forte de 105 hommes, tirailleurs indigènes choisis dans les compagnies du bataillon. Le commandement fut confié à un sergent indigène, qui fut nommé sous-lieutenant trois mois après.

Ma position était anormale, je remplissais les fonctions de sergent-major et j'étais civil. Voulant rompre cette fausse position, je me décidai, le 26 septembre 1855, à reprendre du service au titre indigène dans les tirailleurs.

Une année après, le sous-lieutenant indigène partait pour Constantine, et j'étais nommé au commandement de Tuggurt. Depuis cette époque je n'ai pas quitté cette oasis, où la fortune m'a souri, et où sont venus successivement me trouver la médaille militaire, ma nomination de sous-lieutenant, ma croix de la Légion d'honneur et enfin mon brevet de lieutenant. Je suis heureux aujourd'hui; Dieu a récompensé mon énergie, ma persévérance et ma confiance en lui. Maintenant je ne songe pas à quitter le service de la France, que je regarde comme ma seconde patrie. Je lui ai consacré mon existence et je suis prêt à mourir pour l'honneur de son drapeau.

N'allez pas croire que j'oublie que je suis Hongrois ; non, je ne suis pas ingrat envers cette patrie digne d'un meilleur sort. Il m'arrive souvent de penser à elle dans mes moments de solitude qui sont nombreux, car je suis seul ici, sentinelle avancée de la France au milieu du désert. Je vais souvent m'asseoir sous les palmiers. Là, je laisse mon esprit errer selon ses caprices. J'écoute religieusement tous ces bruits que l'on entend dans le silence du soir, et mon âme devient insensiblement rêveuse et mélancolique. J'aime à songer à ceux que j'ai connus au pays, à tous mes camarades d'enfance. Combien y en a-t-il parmi ces compagnons de collége qui aient réussi ? Hélas ! peu. Combien ont échoué, combien ont disparu de la scène ? Hélas ! beaucoup. Pourquoi la tempête les a-t-elle écartés du rivage ? Pourquoi leurs nacelles se sont-elles brisées aux écueils de la vie ? Ma pensée erre alors au milieu de ces problèmes ; puis elle fait passer devant moi les douces images des amies qui ont eu mon affection. Pourquoi la vie se passe-t-elle à effleurer ces créatures aimées comme le papillon se pose capricieusement sur toutes les fleurs ? La première que j'ai connue à l'aurore de ma jeunesse se perd dans un lointain passé, et c'est à peine si j'ai aujourd'hui la mesure du bonheur qu'elle m'a donné. Pourquoi le temps efface-t-il de la mémoire de si doux souvenirs? A un certain âge, le souvenir d'un passé heureux n'est-il pas la consolation d'un présent sans illusions sur l'avenir?

Depuis 9 ans que je suis ici, je n'ai vécu que de souvenirs. La dernière femme que j'ai aimée, et que les événements politiques m'ont forcé de quitter, a rempli mon cœur d'un bonheur qui ne s'éteindra qu'avec ma vie. J'avais tout trouvé en elle : beauté, amour, dévouement, instruction, esprit, éducation ; en un mot tout ce qui peut faire le bonheur d'un homme. Son esprit fécond ne tarissait jamais et son imagination active savait présenter un sujet sous toutes ses faces, et les exposer l'une après l'autre à la lumière pour en faire mieux ressortir le mérite ou le défaut. Pourquoi cette amie n'est-elle plus à mes côtés ? Pourquoi Dieu m'en a-t-il privé ? Pourquoi le bonheur n'est-il pas de tous les jours ? Hélas ! parce que tout s'use, tout disparaît ici-bas, malgré nos efforts pour faire revivre nos illusions, notre amour. N'en accusons pas notre cœur, c'est la vie qui s'éteint consumée par nos passions. J'avoue que lorsque je jette un coup d'œil rétrospectif sur le passé de ma vie, je sens mon cœur s'attrister. Ce n'est pas sans émotion qu'on énumère les années écoulées, et qu'on sent la vie s'affaiblir chaque jour de plus en plus dans ce corps qu'on doit rendre à la nature. Je sais qu'il n'y a rien à y faire, c'est une loi posée par le Créateur. A bien prendre, la vie ne vaut pas qu'on la regrette, et c'est pour cela que je l'ai exposée vingt fois avec indifférence sur les champs de bataille. Que reste-t-il en effet de toutes ces générations qui ont gémi dans les fers, crié misère ou chanté hosanna sur la terre? Rien, ou presque rien. On cite de distance en distance un nom : Adam, Caïn, Moïse, Homère, Alexandre, Virgile, Auguste, Charlemagne, Newton, Napoléon, Lamartine, Victor Hugo. Ils sont là sur la route de l'éternité comme des jalons scientifiques, moraux ou politiques, pour indiquer les directions suivies par l'esprit humain, et la voie dans laquelle il a marché. Otez ces grands noms, que trouverez-vous? Rien.... plus rien. Que savons-nous du bonheur de ces millions d'hommes qui ont vécu, il y a deux mille ans, mille ans, deux cents ans, dans la cité que vous habitez aujourd'hui?.....rien... Un nom peut-être écrit dans les archives de la municipalité, que vous prononcez d'une façon aujourd'hui et qui sera articulé autrement dans mille ans, de manière à ne plus y retrouver le nom primitif. Après cela bien fou celui qui s'agite pour passer à la postérité.

On se demande souvent pourquoi le bonheur n'est pas complet ici-bas. La raison en est bien simple, c'est que notre nature n'est pas parfaite. Et puis tout est relatif, et le bonheur ou le malheur que nous croyons voir chez nos voisins n'est pas toujours ce que nous supposons. Pour apprécier à leur juste valeur les événements qui s'accomplissent chez un peuple, il faudrait pouvoir se dégager de ses opinions politiques, de ses préjugés personnels, de ceux de son siècle, de ses intérêts, de ses désirs, de ses passions ; il faudrait connaître exactement le passé de ce peuple, la tendance exacte de son esprit à toutes les époques de son existence, les coteries des différents partis, les intrigues de cour, etc. S'il est difficile de porter un jugement bien arrêté sur les actes d'un peuple dont l'histoire met à jour une partie de sa vie, combien l'opération ne devient-elle pas plus difficile quand nous avons la prétention de vouloir juger les causes des événements heureux ou malheureux qui ont lieu dans une famille ! Comment expliquer ces folies instantanées, ces santés altérées subitement, ces existences malheureuses avec toutes les conditions apparentes d'un bonheur réel ; ces banqueroutes inattendues, ces désespoirs, ces morts lentes, ces morts subites? Chaque famille ne cache-t-elle pas autant que possible les germes de ses malheurs présents et futurs ? Si l'on pouvait pénétrer dans l'intimité d'une famille, dans le secret de ses affaires, dans le cœur de chacun de ses membres ; connaître ses sentiments bons ou mauvais, toutes ses relations, intimes, mondaines, secrètes, coupables ; ses désirs, ses amitiés, ses antipathies, ses haines, oh! alors on aurait l'explication de bien des événements qu'on juge mal en se basant sur des apparences bien souvent trompeuses, et l'on trouverait toujours derrière ce voile impénétrable : *le doigt de Dieu.*

Pardon, nous dit-il, de cette digression. Mais depuis que je suis au milieu des Arabes je crois au doigt de Dieu, et je suis convaincu que la plupart de nos chagrins proviennent de ce que nous voulons toujours entraîner notre existence en dehors de la voie qui lui a été tracée par le Très-Haut. Notre imagination vagabonde nous rend plus malheureux que la réalité. Aussi j'ai pris pour devise : *fais ce que tu dois.*

On parla ensuite de l'avenir du pays, des

Touaregs, de la politique européenne, de l'Amérique, etc., et nous quittâmes Amar-ben-Abdallah, charmés d'avoir fait sa connaissance.

SI-ALI-BEY BEN FERHAT BEN SAÏD,

CAÏD DE TUGGURT ET DU SOUF.

Si Ali-Bey est un homme de six pieds, à l'œil vif, au physique noble et fier. Il est fils de Si Ferhat-ben-Saïd, cheick-el-Arab sous le gouvernement du dernier bey de Constantine. Si Ferhat était le chef de tous les nomades du Sahara oriental, et il commanda même pendant un certain temps l'Oued-R'ir et le Souf. Durant le siége de Constantine, Si Ferhat-ben-Saïd alla trouver le général commandant la colonne pour négocier la soumission des Arabes du Sahara. L'affaire n'ayant pu être traitée en ce moment, il retourna auprès des siens campés alors aux environs des Ouled-Djellah.

L'émir Abd-el-Kader, qui était instruit du motif du voyage de Si Ferhat, envoya une colonne de ses réguliers de Biskra pour surprendre le camp de Si Ferhat-ben-Saïd, s'emparer de sa personne et l'envoyer prisonnier à Tlemcen, ainsi que toute sa famille. La surprise réussit. Quelque temps après, Constantine était pris et Biskra plus tard tombait au pouvoir des Français.

Pendant la détention de Si Ferhat, l'émir apprit que Biskra et le Ziban étaient aux mains des Français. Cette nouvelle lui parvint au moment où il méditait un coup de main sur ces contrées. Connaissant la grande influence que Si Ferhat avait sur ce peuple, il le chargea de se porter dans le Ziban pour préparer une révolte contre les Français. Si Ferhat accepta cette mission qui devait lui donner la liberté, mais avec l'intention de n'en rien faire. Il quitta l'émir et arriva naturellement sans accident au Ziban. Son apparition froissant des intérêts acquis depuis sa détention et pouvant en compromettre d'autres, les intéressés envoyèrent des émissaires pour l'assassiner; Si Ferhat fut assailli par cette bande et poignardé par un nègre. C'est ainsi qu'avant la domination des Français on résolvait les questions qui présentaient quelques difficultés.

Si Aly-Bey était encore jeune à cette époque. La reddition d'Abd-el-Kader permit à la famille de Si Ferhat de quitter son exil. Elle vint s'établir aux environs de Sétif, et le fils se mit sous la protection du commandant de la subdivision. Le commandant fit valoir les droits de ce jeune homme et le nomma plus tard cheick des Ouled-Zid. Il resta dans cette position jusqu'au mois d'octobre 1854, époque où l'on se proposait de faire l'expédition de Tuggurt. Après la conquête de Tuggurt, on le nomma caïd de Tuggurt et du Souf, en récompense des services rendus par son père. Depuis neuf ans qu'il est caïd de Tuggurt, Aly Bey n'a cessé de donner des preuves de son dévouement au Gouvernement français.

Le trait suivant prouve qu'Aly-Bey veille sur les populations dont nous lui avons confié le caïdat. Au mois de septembre dernier les Ouled-Aïssa, tribu de némemcha insoumis, sont venus faire une razzia chez les Arabes de Zéribet-el-Oued à l'est de Biskra. Malgré la promptitude qu'ils mettent dans ces expéditions, ils ne purent enlever que quelques ânes, parce que l'éveil avait été donné à temps aux spahis qui sont détachés à Zéribet-el-Oued.

Le caïd Aly-Bey, apprenant à Tuggurt l'invasion

subite de ces maraudeurs par des bergers qui les avaient observés, envoya de suite son goum du Souf pour leur couper la retraite, et leur reprendre la razzia qu'ils auraient pu faire en passant sur le territoire des gens du Souf. En une journée le goum arriva au galop sur les traces des maraudeurs, les poursuivit sans relâche jusqu'au lendemain matin, et les atteignit à la frontière de Tunis. Malgré la supériorité du nombre des maraudeurs, le goum se jeta résolûment sur eux, les culbuta et leur tua 20 hommes. Les autres s'enfuirent en laissant sur le terrain leurs bagages, 25 fusils, 400 moutons et les ânes enlevés aux Arabes de Zéribet-el-Oued.

Si Smaïn, chef du goum, fit couper les oreilles à tous les morts et les envoya au commandant supérieur du cercle de Biskra comme témoignage de ce rude coup de main.

Le goum ne perdit que 2 chevaux tués par l'ennemi et 2 morts de fatigue. Un seul homme fut légèrement blessé.

Il est regrettable qu'Aly-Bey ne parle pas français. Au moyen de notre interprète il nous fit comprendre qu'il désirait sortir avec nous pour nous tenir compagnie. Avant de quitter la Casbah qui tombe en ruine, il nous montra son jardin qui est très-restreint et dans lequel il n'y a que des palmiers et quelques jets d'eau. Dès que nous fûmes dans la rue, tous les Arabes vinrent lui baiser la main en signe de respect et de soumission. Il n'était sans doute pas fâché de nous donner ce spectacle. Il nous conduisit à la porte de la ville pour nous faire admirer des plongeurs nègres occupés à curer un puits artésien arabe, sa propriété. Ce puits, revêtu d'un coffrage en troncs de palmier, peut avoir $0^m,80$ de côté, comme tous ces puits ; il a 55 mètres de profondeur. Le coffrage, avec les années, laisse filtrer le sable qui finit par obstruer le fond ; il faut alors le nettoyer. Dans cette oasis ce sont les nègres qui s'en chargent. Le nègre plongeur, avant de se laisser glisser au fond du puits, y entre jusqu'à la poitrine et reste là huit à dix minutes pendant lesquelles il fait provision d'air, en remplissant le plus possible ses poumons. Une corde attachée au sommet et au fond du puits lui sert à descendre et à remonter avec rapidité. Une autre corde attachée au bord supérieur du coffrage est liée à un couffin qui se trouve au fond du puits et que le plongeur doit remplir avec le sable qu'il trouve au bas. Quand le nègre est prêt il s'enfonce promptement. Dès qu'il disparaît, deux autres plongeurs se placent sur le bord du puits et ne perdent pas de vue la corde. L'un deux met sa main sur cette corde afin de connaître aux vibrations le moment où le nègre remontera, et pouvoir le soutenir lorsqu'il apparaîtra à la surface. Celui que nous vîmes plonger resta deux minutes quinze secondes sous l'eau. Je fus effrayé de cette absence qui me parut d'une longueur impossible à définir, et je le croyais asphyxié quand je le vis reparaître. Il fut soutenu sous les bras par ses deux camarades qui le laissèrent respirer peu à peu, comme fait un noyé qui revient à la vie. Deux ou trois minutes après il sortait du puits et allait s'asseoir à côté de ses compagnons autour d'un bon feu. Ils sont une douzaine pour un puits, parce que le même homme ne peut pas faire plus de cinq plongeons dans sa journée. Chaque plongeon rapporte 0,35 centimes au plongeur, ce qui lui fait 1,75 par jour. Tuggurt possède 400 puits arabes.

Aly-Bey nous fit parcourir la ville et nous reconduisit à notre demeure, la Casbah neuve. Nous l'invitâmes à venir partager notre modeste repas du soir ; il eut la gracieuseté d'accepter sans cérémonie, et il charma notre soirée par quelques contes arabes que l'interprète nous traduisit.

TÉMACIN,

A 12 KILOM. AU SUD DE TUGGURT (8ᵉ JOURNÉE).

Nous étions au 24 décembre. Le temps s'était couvert, le vent du nord était vif. Nous nous décidâmes à aller à Témacin faire visite au marabout nègre dont on nous avait beaucoup parlé à Biskra et à Batna. Amar-ben-Abdallah nous proposa de nous y conduire dans son cabriolet, ce qui fut accepté. La plaine est couverte de dunes de sable. Avant d'arriver à Témacin on trouve deux Kouba dont l'une se nomme Sidna-Aïssa (Notre-Seigneur Jésus-Christ). On sait que les Arabes considèrent Jésus-Christ comme un envoyé de Dieu.

Témacin est la capitale religieuse de l'Oued-R'ir comme Tuggurt en est la capitale politique et militaire. La ville est entourée d'une enceinte en terre et d'un fossé plein d'eau. Sa porte est garnie de machicoulis grossiers. Une tour en brique domine la ville. La population est blanche, mais il y a des nègres venus du sud. Les femmes sont enveloppées dans des melhaffa, robes bleues. L'oasis est bien cultivée et possède 300 puits artésiens arabes.

A un kil. au delà de la ville s'élève la zaouïa de Tamelh'at, résidence du chef de l'ordre religieux des Tedjini, espèce de franc-maçonnerie. Le chef actuel est Si Mohamed-el-aïd, fils de Si Mohamed-el-aïd-ben-el-hadj-ali qui le premier fonda la zaouïa de Témacin. Le chef primitif de cet ordre était Aïn-Makhdi qui vivait dans la province d'Oran où la zaouïa existe encore. Elle est dirigée par un marabout sous-chef de l'ordre, mais subordonné au chef de la zaouïa de Tamelh'at.

Le dernier marabout de la zaouïa d'Aïn-Makhdi se voyant sans enfants adopta Si-el-hadj-ali qui était un de ses fidèles serviteurs. Après la mort de Mohamed, Si-el-hadj-ali fut reconnu chef de l'ordre, et comme il était originaire de Témacin, il transporta la zaouïa dans cette ville et y mourut. Ses dépouilles sont dans la nouvelle mosquée qu'on bâtit. L'architecture de cette mosquée est hardie, mais elle nous a paru peu solide.

Si-Mohamed-el-Aïd, le marabout actuel, a neuf frères qui tous vivent en communauté avec lui. Ils lui portent scrupuleusement le respect comme à El-hadj-ali leur père, et le considèrent comme leur chef. Il possède une zaouïa à El-hadjira sur la route d'Ouargla, et une autre à Guémar dans le Souf ; elles sont dirigées par deux de ses frères.

Si-Mohamed-el-Aïd a une fortune immense qui s'accroît encore tous les jours. Elle provient de dons offerts par ses partisans. Il possède environ 20,000 palmiers, soit à Témacin, soit dans les oasis de l'Oued-R'ir. Il a en outre de grands troupeaux de chameaux.

Chaque tente arabe de son ordre lui donne, par an, 5 francs et 1 mouton. Les plus riches lui offrent 10 à 20 francs et 3 ou 4 moutons. En outre, tout partisan qui meurt lui lègue une partie de ses biens. C'est ainsi que sa fortune augmente tous les jours.

Dans l'Oued-R'ir, Sidi-Mohamed-el-Aïd n'a de partisans qu'à Mgarin, Témacin, Bledet-Amar, et peu à Tuggurt. Les tribus nomades des Ouled-

Saïah, Saïd-Ouled-Amar sont toutes à lui. Il a presque la moitié de la population du Souf. Chez les Touaregs il n'a qu'une grande tribu, les Chamba.

La zaouïa de Tamelh'at est entourée d'un mur d'enceinte, avec une porte solide. Nous pénétrâmes dans l'intérieur et l'on nous conduisit au salon de réceptions. Le marabout ne se fit point attendre.

Après les salamaleks de rigueur, il nous fit servir le café. La causerie commença par des lieux communs et, par inadvertance, j'arrivai à lui demander son âge. Il me répondit : « Je n'en sais rien. A quoi bon s'occuper de cela; notre heure est marquée, je vivrai ce que Dieu voudra, et il n'en sera ni plus ni moins quand je n'y serai plus. Qu'est-ce que la vie d'un homme par rapport à l'éternité? Rien. Il est donc inutile d'en mesurer la longueur, puisqu'elle se réduit à zéro en présence de l'infini. L'éternité n'a pas d'âge. Vous vous remuez beaucoup, Européens, pour asseoir une fortune, faire triompher momentanément un principe. Fous que vous êtes ! ce principe disparaît le plus souvent avec vous, et vos neveux dissipent en peu de jours une fortune péniblement amassée. L'homme n'est qu'orgueil. Que reste-t-il de la puissance de Sésostris? des ruines qui couvrent l'Egypte ; et des Grecs? des ruines ; et des Romains? des ruines... toujours des ruines. Et cependant Rome a été bien puissante ; elle a fait couler bien du sang pour le triomphe de sa volonté. Que de peuples n'a-t-elle pas réduits en esclavage ! Où est aujourd'hui ce peuple-roi qui ne voulait de liberté que pour lui, et qui croyait s'élever en abaissant les autres ?... L'orgueil l'a tué. Dieu est juste et Mahomet est son prophète.

« Vous autres, Français et Européens, vous venez, dites-vous, nous apporter les bienfaits de la civilisation. Merci, mille fois merci. Soyez persuadés que nous sommes cent fois plus heureux que vous. En ouvrant les yeux le matin, nous sommes certains de ne pas mourir de faim dans la journée. Quelques dattes nous suffisent, et si elles nous manquent, nous les trouvons à la tente voisine. Le reste du jour nous jouissons du soleil que Dieu a fait pour nous. Combien de malheureux en Europe se couchent sans souper ! Que d'ouvriers ne sont pas sûrs d'avoir de l'ouvrage le lendemain ! Et cependant vous vous vantez de votre civilisation. La meilleure, à mes yeux, est celle où l'homme est toujours sûr de son pain de chaque jour. Voyez si nous ne sommes pas heureux. La gaieté règne dans toutes les oasis, vous entendez la musique du matin au soir. Vous autres, Européens, vous paraissez toujours soucieux et préoccupés, parce qu'au milieu de l'agitation continuelle des esprits, de l'indifférence politique ou religieuse, vous finissez par douter du bonheur de votre avenir, et que douter c'est être malheureux. Croyez aux paroles du sage : « Il n'y a que « la foi qui nous sauve en toutes choses, en amour, « en politique, comme en religion. »

« Vous nous reprochez aussi, chrétiens, d'avoir imposé la loi du prophète par le sabre. Comment vous justifierez-vous, aux yeux du Dieu très-clément, de votre inquisition, de vos guerres de religion, de votre intolérance? Le fanatisme aveugle, direz-vous, a seul commis ces crimes; je le sais. Dieu heureusement ne voit pas comme les hommes; il connaît nos plus secrètes pensées et juge nos actions d'après notre cœur. Vos marabouts, vos prêtres, comme vous les appelez, sont ambitieux; ils oublient trop facilement que leur royaume n'est pas de ce monde. Au lieu d'aller courir en Chine, pour racheter quelques Chinois, ils feraient beaucoup mieux de consacrer l'argent qu'ils dépensent aux Indes à secourir les malheureux qui ne manquent pas dans votre pays. Les classes laborieuses ont plus besoin de secours que les sauvages de toutes les Amériques. Mais il faut à vos marabouts de la gloire, de l'ostentation ; aussi leurs œuvres ne sont pas agréables au Dieu clément et miséricordieux.

« De quel droit avez-vous imposé le célibat à vos prêtres ? Sidna-Aïssa, Notre-Seigneur Jésus-Christ, n'a pas parlé de cela, au contraire il nous a dit : « Tout arbre qui ne portera pas de fruit sera coupé « et jeté au feu. » Tout ce qui vit doit produire, c'est la loi de la nature. Tout est amour dans le monde, c'est la loi des attractions, c'est lui qui domine tout, et les fruits ne sont que le produit des amours des fleurs. Supprimer du livre de la vie les caresses enivrantes de la femme, c'est ôter le bonheur de notre chétive existence. De quel droit repousser la femme que Dieu a faite pour l'homme ? Le bonheur est dans l'union des sexes, le mauvais œil seul les sépare. Dieu nous a dit : « Croissez et multipliez. » Suivez les maximes sublimes du grand prophète Sidna-Aïssa. Dieu l'a aimé, et, pour le récompenser de ses bonnes œuvres, il l'a enlevé vivant aux cieux, avant d'avoir été crucifié par les Juifs, et il lui a substitué un homme semblable qui a été crucifié à sa place ; lisez le Coran.

« Je suis loin de vouloir critiquer votre religion, je suis convaincu au contraire que toutes les religions vont à Dieu comme tous les fleuves vont à l'océan. Quant aux différences qui existent entre leurs rites, elles sont les conséquences de l'esprit des peuples, comme la variété de leurs costumes dépend du climat de leur patrie. »

Rassurés par ces dernières paroles, nous le remerciâmes de ces aperçus philosophiques et nous prîmes congé de lui. Avant de nous quitter il nous demanda si notre intention était d'aller au Souf. Sur notre réponse affirmative, il nous engagea à nous présenter chez son frère, à Guémar, oasis du Souf. Il nous conduisit jusqu'à la mosquée en construction dont il nous fit admirer les proportions grandioses pour le pays. A la sortie de la mosquée il nous souhaita un bon voyage, nous salua, et rentra chez lui. Deux heures après nous étions à Tuggurt.

(9º journée.)

La journée du 25 fut occupée à visiter les faubourgs et les villages en avant de Tuggurt.

Après notre déjeuner, le caïd nous fit inviter à dîner. Nous acceptâmes son invitation qui devait avoir pour nous l'avantage de nous initier aux cuisines arabes. Le dîner fut bien servi, mais tout ce qui est luxe dans un dîner fit défaut. Le vin en revanche fut bon. On nous servit au dessert des pâtisseries faites par les femmes du caïd. Il y avait: des raksiz, galette arabe; des kak, gâteaux ronds au beurre; des makrout, gâteaux au beurre et aux dattes; des rihba, au beurre et au sucre; des baklaouar, gâteaux au beurre avec des amandes, des noix et du miel.

Après le dîner, et pendant que nous prenions le café, j'exprimai à Ali-Bey le désir que j'avais d'aller à El-Oued dans le Souf, et de retourner de là sur Biskra par les chots. Il me fit observer que cette route n'était pas sûre, que les maraudeurs tunisiens ou autres se cachaient souvent dans les dunes de sable, pour y attendre et surprendre les caravanes. Comme j'insistais pour ne pas retourner par la route que nous avions suivie pour venir à Tuggurt, il me dit qu'il me remettrait une lettre pour le kalifa du Souf qui réside à El-Oued, afin qu'il nous donnât une escorte, ou qu'il nous fît accompagner par une caravane pendant la partie du trajet qui avoisine les chots. Il nous procura 4 chameaux en remplacement des nôtres, nous donna un guide nègre, et le lendemain à sept heures nous sortions de Tuggurt nous dirigeant droit à l'est.

Nous avions eu soin de nous pourvoir d'œufs, de poulets, de fromage, etc., et de prendre chez les tirailleurs indigènes du pain pour neuf jours.

LE SOUF.

DÉPART DE TUGGURT,

MARCHE VERS LE SOUF. (10e JOURNÉE, 36 KILOM.)

Pour atteindre les oasis du Souf nous avions 100 kil. à faire dans des dunes où nous ne devions trouver que de l'eau provenant de puits creusés dans le sable. Notre intention était de faire la route en trois jours ; d'aller coucher la première journée au puits dit : Bir-Chabi ; la seconde à Mouïa-el-gaïd et la troisième à El-Oued. Le soleil était radieux, le ciel sans nuages, et le temps complétement remis nous promettait un bon voyage. En nous dirigeant vers ces dunes qu'on découvre à 4 kil. à l'est, nous jetions de temps en temps un regard d'adieu sur cette oasis que nous ne devions plus revoir. On ne peut pas comprendre l'émotion mélancolique qu'on éprouve en quittant une ville lointaine, perdue dans les sables du désert, lorsqu'on a la certitude de ne la revoir jamais. C'est un adieu éternel, tacite, qui attriste le cœur.

Après une heure de marche nous entrions dans des dunes de sables amoncelés par le vent. Leur aspect n'est pas celui des dunes des chots, celles-ci sont semblables à celles des bords de la mer. Les dunes du désert entre Tuggurt et le Souf sont arrondies et de formes douces à l'œil. En franchissant les premières je fus effrayé de la perspective que nous avions de voyager pendant trois jours dans de tels sables mouvants, où nos chevaux enfonçaient parfois jusqu'à mi-jambe. Après avoir dépassé les premières dunes nous ne vîmes plus que des sables. Tantôt on contournait les dunes pour éviter leurs pentes trop roides ou leurs sables mobiles ; tantôt on les gravissait. Quand on arrivait au point culminant on découvrait un horizon ondulé de vagues de sable immobiles, d'un blanc mat quand on regardait au nord, mais d'un aspect brillant et miroitant comme la mer quand on se tournait du côté du soleil.

Une lieue plus loin nous découvrîmes tout à

coup à 500 pas devant nous un groupe de 35 à 40 cavaliers armés de fusils, marchant en bataille. Si nous eussions été dans les chots, j'aurais pu croire à des maraudeurs tunisiens, mais à 8 kil. de Tuggurt, ça ne pouvait être que des amis. Effectivement c'était un goum arabe commandé par un lieutenant qui revenait d'El-Oued. Dès que le lieutenant eut reconnu le costume français, il prit le galop, sauta à bas de son cheval à 20 pas de nous, jeta la bride à terre et vint nous serrer la main et nous demander des nouvelles de notre santé. Le goum, qui avait pris le galop en même temps que son chef, s'arrêta à 25 pas, le canon du fusil en l'air. Ces hommes basanés couverts de leurs burnous blancs, aux turbans de couleurs diverses, sur leurs magnifiques chevaux, produisaient un effet magique dans ce désert sans limites.

Après nous avoir souhaité un bon voyage, il remonta à cheval et nous nous saluâmes réciproquement. Le goum nous salua militairement en passant près de nous.

Derrière le goum venait la smala éparpillée dans les dunes. Les chameaux étaient surmontés de jolis palanquins semblables à ceux dessinés par Horace Vernet dans son tableau de la prise de la Smala d'Abd-el-Kader. Ces palanquins étaient garnis de riches étoffes et de glands de soie. Des femmes proprement mises étaient dans ces boudoirs aériens, d'autres allaient à pied. Des chiens, des serviteurs, des nègres surveillaient cette émigration qui avait à sa suite des chèvres, des mulets, des ânes plus ou moins chargés d'objets de ménage.

Dans ces dunes on se perd de vue très-vite. Un quart d'heure après cette rencontre nous étions isolés, seuls devant cette solitude monotone, qui se reproduit sans cesse. Par moment on ne voit pas à 25 mètres devant soi, et quand on monte sur une dune dans l'espoir de découvrir quelque chose, on ne découvre rien, si ce n'est de loin en loin, de kilomètre en kilomètre à peu près, un tas de broussailles sur une dune élevée pour servir de direction aux voyageurs qui parcourent ces contrées.

On déjeuna légèrement au pied d'une dune, puis on repartit. Pendant toute la journée, nous eûmes ce spectacle de dunes plus ou moins douces, rondes, serrées, ou distancées. La journée me sembla longue et me fit pressentir des difficultés pour les neuf jours de marche que nous avions pour nous rendre à Biskra. Enfin à trois heures de l'après-midi nous apercevions une butte surmontée d'une simple racine ; au pied de cette butte était Bir-Chabi. Cette vue nous ranima, nous pressâmes le pas, et nous arrivâmes au pied de cet immense mamelon de sable. Nous allâmes au puits, il était ensablé. Grande déception au désert qu'un puits ensablé. Impossible de le déblayer. Creuser n'était pas possible, on n'aurait pas trouvé l'eau à moins de 3 mètres de profondeur, il ne fallait pas y songer. Il fallut prendre son courage et se remettre en marche pour un autre puits qui nous était indiqué par notre guide à 5 kil. plus loin. En quittant Bir-Chabi on traverse une plaine de deux kil., puis on entre de nouveau dans les dunes. La direction est toujours donnée par des tas de broussailles, c'est une règle générale dans tout le Souf. Vers quatre heures nous étions à Mouïa-Ferdjan.

Depuis la rencontre du goum nous avions marché huit heures sans rencontrer personne. Malgré soi le cœur est triste du néant qui l'entoure.

MOUÏA-FERDJAN.

Mouïa-Ferdjan a trois puits bien indiqués par trois margelles en plâtre bruni par le temps. Ces trois puits sont au milieu d'une large dépression de terrain qui peut avoir 150 mètres de diamètre entourée de dunes de 8 à 10 mètres de hauteur.

On attacha les chevaux au piquet, on déchargea les mulets, on dressa les tentes. Les chameliers allèrent ramasser quelques broussailles pour faire la soupe au mouton, comme toujours. Nos domestiques puisèrent de l'eau avec des bidons munis de cordes. L'eau est à 4 mètres 25 au-dessous du sol.

Pendant que tout se préparait, je montai sur une des dunes pour voir le coucher du soleil. Vouloir le décrire est chose impossible; il n'y a pas d'expressions pour rendre cette lumière, cette couleur, ce spectacle splendide. Ce qui me frappa d'une manière étrange, c'est la solitude qui m'environnait, où rien ne bougeait, pas même l'air. J'étais en face de ce soleil qui allait disparaître dans ce ciel de feu, et qui devait me laisser ensuite en face de ce désert, le néant de la vie. Quand le soleil fut passé sous l'horizon, le couchant devint rouge, puis violet; peu à peu la lumière s'éteignit. Je ne pouvais détacher mes yeux de ce point du ciel où le soleil avait disparu, et je me trouvai bientôt dans l'obscurité la plus complète, la lune n'étant pas encore sur l'horizon. Le silence qui régnait autour de moi était affreux. Au désert, la nuit, rien ne remue, rien ne respire, le calme de la mort nous environne. Le silence y est plus grand qu'au cimetière, car dans la cité des morts on entend la voie plaintive du vent à travers le feuillage des saules pleureurs inclinant leurs têtes vers les tombes muettes. Ici au désert, on écoute, on n'entend rien, c'est la mort anticipée de la nature privée de l'astre qui la fait vivre.

En Europe, dans le silence habituel de la nuit, on entend la végétation respirer autour de soi, c'est la branche qui crie en se courbant sous le vent, la feuille qui s'agite au déplacement de l'air; on distingue le bourdonnement lointain d'une cité en mouvement, le bruit d'un chariot criant sur son essieu et mille sonorités qu'on ne peut expliquer. Au désert, rien..... rien..... le silence de la tombe.

Tout à coup un bruit léger se fait entendre derrière moi, je me retourne... il n'y avait rien. Je contemple la plaine obscure, je crois voir rôder des ombres incertaines, des formes indéterminées, bizarres, entendre de vagues murmures, des rires étouffés, des gémissements, je me lève, je marche, j'avance, illusion..... illusion, je retrouve le silence de la mort et rien de plus. Mon cœur se serra à la vue de cet isolement affreux que je retrouvais partout. Le souvenir de ma patrie mouilla mes paupières, l'image de ma mère m'apparut... c'était sans doute une illusion, mais si j'avais été spirite, j'aurais cru que l'âme de cette excellente femme était venue veiller sur moi dans ces contrées incultes, arides, déshéritées de Dieu.

Je rentrai pour dîner. Le feu des chameliers me guida. Arrivé près des tentes, je fus agréablement surpris du tableau que présentait le bivouac. Nos trois chameliers, l'interprète, et le guide nègre de Tuggurt, qui nous avait été donné par le caïd Ali-Bey, étaient groupés autour du feu qui pétillait et dont les flammes jetaient des reflets rougeâtres sur leurs figures, sur les tentes et sur les chameaux qui passaient leurs têtes par-dessus les chameliers. Le dîner fut apprécié, le bordeaux aussi. Après le repas nous recommandâmes aux chameliers d'ouvrir l'œil, ils veillèrent toute la nuit. En présence de l'inconnu il est toujours bon de prendre ses précautions : mon compagnon et moi nous mîmes nos revolvers auprès de nous, et nous nous couchâmes. La nuit se passa bien, aucun mulet ne manqua à l'appel, les voleurs nous avaient respectés.

———

DE MOUÏA-FERDJAN A BOU-AMAR.

(11ᵉ JOURNÉE, 38 KILOM.)

Le lendemain à sept heures et demie on se mit en route pour Mouïa-el-Gaïd. Les trois puits de Mouïa-Ferdjan fumaient comme s'il eût fait froid, nous avions cependant 7 degrés de chaleur ; nous étions au 27 décembre, et il était sept heures et demie du matin.

On marcha une partie de la journée au milieu de dunes, d'excavations, de petites vallées de sable, gravissant ou contournant les obstacles selon le besoin. Nous arrivâmes vers dix heures à une plaine d'où l'on voyait en avant et un peu à droite des buttes de sable qu'on nomme Sif-es-Soltan (le sabre du sultan). Nous déjeunâmes avant d'entrer dans cette plaine; l'air était très-vif, le soleil était brûlant.

Au départ nous nous dirigeâmes sur les dunes qui sont à gauche de Sif-es-Soltan et surmontées d'un tas de broussailles indiquant la direction. Nous entrâmes dans ces dunes où nos chevaux eurent de la peine à avancer tant ils enfonçaient par moment. Nous trouvâmes dans ces dunes une vipère cornue qu'on avait dû écraser 24 heures auparavant. Je la ramassai pour l'examiner. Le dos est en forme de peau de chagrin, couleur de chair, couleur du sable, à grains gros, rudes au toucher surtout en remontant vers la tête. Le ventre est à anneaux doux et argentés, brillant comme de la nacre.

Peu après nous étions à Mouïa-el-Gaïd. On y trouve deux puits au milieu d'une dépression circulaire de 200 mètres de diamètre. La nappe d'eau est à 6 mètres 80 au-dessous du sol. On voit qu'il est prudent de se munir de grandes cordes.

Comme il était de bonne heure, il fut décidé qu'on irait coucher à Bou-Amar. A 4 kil. de Mouïa-el-Gaïd les dunes grandissent considérablement, le terrain s'élève et l'on a des horizons plus vastes. Nous découvrîmes à 2 kil. sur notre gauche une caravane de 50 chameaux au repos; elle était campée, les bagages à terre, les femmes au bois, les chameaux au pâturage. 2 kil. plus loin les dunes se resserrent. On est comme dans un défilé. Nous nous rencontrâmes nez à nez avec une tribu nomade qui allait vers d'autres pâturages. A notre vue, les femmes se sauvèrent derrière leurs chameaux, les enfants crièrent en s'éparpillant de tous côtés, les chiens hurlèrent et les hommes nous regardèrent avec étonnement. On est peu habitué à voir des Français dans ces parages. A trois heures et demie nous touchions Bou-Amar.

BOU-AMAR.

Bou-Amar est un puits au milieu de dunes circulaires. Le puits est au fond d'une excavation faite par la main des hommes pour le dégager des sables qui tendent à l'obstruer. On arrive par une rampe à la margelle qui se trouve à 4 mètres au-dessous du sol, et à 4 mètres au-dessus de la nappe d'eau.

Je me couchai de bonne heure, la journée avait été chaude, j'étais fatigué ; je suis persuadé que nous avions eu, vers une heure ou deux, 35 degrés de chaleur dans ces sables qui reflétaient le soleil et nous brûlaient les yeux. Je ne suis plus étonné qu'il y ait tant d'aveugles dans le Sahara.

Pendant la nuit notre tente fut infestée de gerboises.

Le lendemain matin notre interprète nous annonça que le guide nègre donné par le caïd avait disparu dans la nuit et qu'il était allé à Kouinin, première oasis du Souf que nous devions traverser, pour prévenir le kalifa de notre arrivée, selon les ordres qu'il avait reçus d'Aly-Bey.

EL-OUED-SOUF.

(12ᵉ journée, 28 kilomètres.)

A sept heures nous levions le camp. Notre route était, comme celle des deux jours précédents, de simples sentiers, imperceptibles souvent, au milieu des dunes. Après une heure de marche nous vîmes le kalifa du Souf et sept cheicks venir au-devant de nous. Ils étaient superbes en burnous écarlates sur ces sables blancs. Ils s'élancèrent vers nous dès qu'ils nous aperçurent, sautèrent de cheval et vinrent nous saisir les mains et nous les baiser en signe de respect. Après ces salamaleks habituels, nous prîmes la route d'El-Oued. Une heure de marche nous conduisit à une faible oasis, Bourmasse, à demi-ensablée, avec un puits muni d'un levier à bascule pour puiser l'eau qui est à 8 mètres au-dessous du sol. Une heure plus tard, c'est-à-dire vers neuf heures, nous étions à Kouinin.

KOUININ.

Kouinin est une des oasis du Souf. Les oasis de l'Oued-Souf sont à 100 kil. à l'est de celles de l'Oued-R'ir. L'Oued-R'ir est l'ensemble des oasis qui vont de Biskra à Tuggurt, elles sont, pour ainsi dire, sur un même méridien. Celles de l'Oued-Souf sont à peu près parallèles aux premières et s'étendent du Chot-Melr'ir à El-Oued du Souf. En faisant face à l'est et se trouvant à Kouinin, on a à droite à 7 kil. au sud la ville d'El-Oued, à gauche, au nord, Tarzout, puis Guémar, et par une suite d'oasis on va jusqu'à El-Faïd dans le Zab-Cherqui (Zab de l'est).

On aperçoit Kouinin d'un kilomètre avant d'y arriver. Les dunes de sables cessent et l'on est dans une petite plaine au bout de laquelle s'élève Kouinin sur un plateau de sable de 2 mètres de hauteur.

Rien en Europe, rien en Algérie ne ressemble

à Kouinin ; pour bien se représenter cette ville, il faut se figurer des ruches d'abeilles, à calottes sphériques de 2 mètres de hauteur juxtaposées par la base de leurs calottes, et réunies par un mur de 2 mètres d'élévation. On aurait encore une idée assez juste de Kouinin par des pions de loto posés sur un livre très-plat. L'œil est surpris, tout étonné. On regarde tout d'abord sans comprendre, et l'on ne se rend pas compte, de loin, de tous ces petits dômes semi-sphériques qui paraissent alignés sur des plates-formes. Les maisons n'ont que des rez-de-chaussée. La vue de Kouinin mérite le voyage du Souf, quoique ces trois journées de voyage dans les sables soient trois jours bien longs, fatigants et ennuyeux.

Quand les maisons ont un peu de largeur, les quatre dômes qui s'appuient sur les quatre murs reposent sur une colonne ronde placée au centre de la chambre. Les maisons et toutes les constructions sont en plâtre et en pierres du Souf. Ces pierres ont des formes prismatiques agglomérées présentant des aspérités de tous côtés.

Nous fîmes notre entrée à cheval par une rue bien étroite. Les rues sont droites et ont 2 mètres de largeur au plus. Le peuple, les enfants accoururent pour nous voir comme des curiosités.

Roumis! Roumis! (des chrétiens, des chrétiens), criaient les enfants.

On nous conduisit dans la maison du cheick où le kalifa nous avait fait préparer une difa. Un tapis magnifique à haute laine, de façon arabe, nous reçut, le kalifa, mon ami et moi. Les cheicks formèrent un groupe à part. On s'assit sur le tapis, les jambes croisées, position peu commode pour déjeuner. On nous servit la soupe dans une vaste soupière où chacun de nous puisa à son aise, les assiettes n'étant pas d'usage. Notre interprète découpa le poulet avec ses doigts et sépara les quatre membres. On but l'eau dans le même petit pot, de façon belge, à vernis doré. Cette formalité sans façon me sourit peu, aussi je ne fis que tremper ma lèvre supérieure dans ce vase omnibus; et je fis bien, car l'eau sentait la peau de bouc, et le vase était d'une propreté douteuse.

Le kalifa fut attentionné pour moi. Il poussait la complaisance jusqu'à enlever la coquille des œufs durs qu'il m'offrait. On passa ensuite le fameux cousscouss; j'avoue que je lui suis hostile, je lui trouve un parfum de crasse; il sent la négresse, il a une odeur désagréable, repoussante, surtout dans l'Oued-Souf où l'eau sent la peau de bouc. Cela n'est pas étonnant; la peau de bouc ici fait l'office de cruche, de tonneau, de bouteille, etc., c'est le vase par excellence, surtout pour les émigrations. Le café arabe, dans lequel on trouve à boire et à manger, couronna ce festin digne des temps bibliques. Abraham et Jacob ne mangeaient pas de meilleur cousscouss, et ne devaient pas boire de meilleure eau, puisque les mœurs arabes sont aujourd'hui ce qu'elles étaient aux temps des patriarches.

Les plats que nous avions touchés passaient à d'autres tables. Les assistants paraissaient tenir à honneur de manger du plat que nous avions goûté. Les mauvaises langues, il y en a beaucoup en Afrique, prétendent que les afares du conseil municipal profitent de ces jours de difa pour se payer gratis, et aux frais de la commune, un festin de Balthazar.

EL-OUED,

CAPITALE DE L'OUED-SOUF.

Le repas terminé, on partit pour la ville d'El-Oued, située à 7 kil. sud de Kouinin et à 15 kil. de la frontière de la régence de Tunis. On s'y rend par une espèce de petite vallée étroite qui circule dans les dunes. El-Oued ressemble à Kouinin, mais ses maisons ont moins de cachet. Elles sont mélangées de maisons à petites calottes sphériques et de maisons à toits plats, toutes à rez-de-chaussée seulement, comme à Kouinin. Nous nous rendîmes au bordj, qui est au sud de la ville, en longeant El-Oued et le laissant à l'est. Les cheicks nous escortèrent jusqu'au bordj.

Le bordj est composé d'une chemise crénelée, ayant deux bastions sur une même diagonale du carré comme au bordj de Saâda. Dans l'intérieur, se trouve un réduit carré, composé du logement du kalifa et d'une cour de service pour ses gens. On a adossé à son logement, et face à la porte d'entrée, une salle pour les voyageurs, à côté de laquelle on a construit une écurie-hangar. On installa nos lits dans cette salle, où nous nous trouvâmes mieux que sous la tente. Les cheicks prirent congé de nous.

Dès que nous nous fûmes rafraîchis, je priai le kalifa de mettre à notre disposition un de ses serviteurs pour nous conduire à la mosquée et nous piloter dans les rues d'El-Oued. Il fit appeler un nommé Belkassem. Comme cet homme parlait parfaitement français, il me vint à l'idée que ce devait être un déserteur, et je me promis de tirer cette affaire au clair pendant la promenade.

Aussitôt que nous fûmes dehors, j'engageai la conversation avec Belkassem sur le pays, ses ressources, et sur la vie des habitants du Souf. J'en vins à lui parler de sa position, et je l'engageai à me dire ses moyens d'existence. Il parut très-sensible à l'intérêt que je lui montrais, m'avoua qu'il n'était pas Arabe et me raconta l'histoire de sa vie à peu près comme il suit :

« Je suis né à Saint-Domingue vers 1824. Mes parents étaient des colons. Pour des raisons que j'ignore, j'ai quitté ce pays à quatre ou cinq ans, et je suis venu en France. Depuis que je suis devenu homme, j'ai toujours supposé que j'avais été vendu comme esclave ; je n'ai cependant rien de positif à ce sujet. Ma première résidence fut Perpignan, où je suis resté jusqu'à dix ans. Là je fis la connaissance d'un acteur qui m'emmena en Espagne, courant les théâtres de Girone, Figuières, Barcelone et Tarragone. Mon acteur ne faisant pas fortune et ayant vu s'évanouir tous ses châteaux en Espagne, il prit le parti de rentrer en France après deux ans de misère, et nous allâmes à Tarbes, Bagnières, Libourne. Le pauvre homme, usé par les privations, mourut dans cette dernière localité. Abandonné à moi-même et sans ressources, je me présentai à un colonel de cavalerie qui me prit en qualité de valet de chambre. Je visitai avec lui Bordeaux, Paris et d'autres garnisons. A vingt ans, j'étais à Paris. Là, vers 1844, je fis connaissance d'Amadoub-ben-Aïssa, fils de l'ancien ministre du bey de Constantine, qui me prit pour homme d'affaires, homme de confiance.

« Ben-Aïssa sollicitait à Paris la grâce de son père. Quand il l'eut obtenue, nous partîmes pour Alger, et de là, par mer, nous nous rendîmes à Philippeville et enfin à Constantine. J'étais en costume européen. Ennuyé de cette domesticité déguisée, je partis un jour avec des Arabes qui se rendaient à Sétif, espérant faire fortune. Dès que nous eûmes gagné la plaine, les Arabes se saisirent de moi et me promenèrent de tribu en tribu comme une bête curieuse. Un soir, j'ai voulu m'échapper, mais on m'a rattrapé et l'on m'a mis les chaînes aux pieds. Je parus en prendre mon parti, me réservant de mieux combiner mes mesures une autre fois. Une nuit, que nous étions au milieu des montagnes, je pris la fuite et je parvins à Sétif. Je commençais à parler un peu l'arabe, il me fut donc possible de servir d'interprète et de gagner ma vie. Je finis par retourner à Constantine et je fus emmené à Biskra, en 1847, par un chef d'une administration civile, pour lui servir d'interprète.

« Fatigué de cette vie calme, qui était monotone pour moi, je me suis mêlé plus tard aux Arabes alors en effervescence et qui préméditaient une insurrection. Une nuit, j'abandonnai mon administrateur et je me rendis à Zaatcha, comptant sur les caprices de la fortune. C'était au mois d'août 1849. Peu après les Français se présentèrent pour enlever cette oasis et trouvèrent une résistance à laquelle ils ne s'attendaient pas.

« On fit le siége de Zaatcha, que vous connaissez, et dont je ne vous redirai pas les détails. Durant le siége, quelques chefs, voyant les progrès des travaux d'attaque des Français, conseillèrent à Bou-Zian, chef de la révolte, de se rendre. Bou-Zian, qui était inflexible, parce qu'il comprenait bien qu'il perdrait son prestige s'il paraissait douter de sa force et de son triomphe, fit trancher la tête de ces imprudents. La défense redoubla d'énergie. Tout individu qui hésitait à se rendre au feu avait la tête abattue. On accourut de 150 lieues à la ronde pour défendre Zaatcha. Il y eut parmi les défenseurs des Mzabites, des Touaregs et des Arabes de toutes les tribus. Les Français se battirent bien, mais chaque fois que des morts étaient laissés en notre pouvoir, ils avaient la tête tranchée pour être montrée aux tribus voisines, afin de les exciter à la révolte. Toutes les fois que les Arabes recommençaient le feu, les femmes venaient les encourager par leurs cris.

« Les oasis des environs fournissaient des vivres à tour de rôle pour ceux qui combattaient les infidèles. Un nommé Adj-Moussa fut reconnu le plus brave. C'était un ancien lieutenant d'El-Hâdj-Abd-el-Kader. La défense de la première enceinte lui fut confiée. (Le mot *hâdj* accompagne le nom de tout musulman qui a visité la Mekke ; il équivaut au mot *pèlerin*). Le siége dura près de deux mois et se termina, le 26 novembre 1849, par la prise de Zaatcha. L'assaut fut donné par trois colonnes, dont l'une était commandée par le colonel Canrobert, aujourd'hui maréchal de France. Bou-Zian fut pris sur sa terrasse avec son fils et Hâdj-Aïssa. Ils eurent la tête tranchée.

« Après ce branle-bas général, chacun se sauva de son côté. Moi je pris la route d'El-Outaïa, et je me cachai quelque temps chez des Arabes d'El-Kantra. Quand les communications redevinrent sûres, je me dirigeai vers Tuggurt pour être en dehors de l'action française, et je suis venu dans le Souf lorsque les Français ont pris Tuggurt. Aujourd'hui personne ne pense plus à moi, je suis devenu un homme paisible depuis que je suis marié. »

Belkassem est un homme qui a près de six pieds, il est fortement basané, a la lèvre forte, l'œil intelligent. En traversant les rues, il me fit voir sa femme assise dans une cour de sa maison.

C'est une petite négresse, gentille, à l'œil vif et à la voix douce. Il me raconta l'histoire de sa femme, qui est un produit du Soudan. C'est une étude de mœurs qui est à sa place ici.

« Ma femme vient de bien loin, me dit-il, elle est née à Bir-el-Akheybah, ville importante située sur la frontière du Soudan, au sud du grand désert de Libye. Cette ville est au milieu des montagnes et sur un cours d'eau. Ma femme se nomme Aïcha. Un jour elle fut désignée, avec plusieurs de ses compagnes, pour aller chercher une nouvelle mariée à Bir-Ouady-Kharet. Un soir qu'elles étaient dans les jardins des environs, elles furent enlevées par des cavaliers. Elles étaient onze petites filles et une femme enceinte. Celle-ci opposa de la résistance, et comme elle ne voulait pas céder, et qu'elle pouvait compromettre l'enlèvement en rapportant ce qui se serait passé, on lui ouvrit le ventre et elle resta morte sur place.

On conduisit les captives à Aghadès, à 250 lieues à l'ouest dans le Soudan. Elles furent un mois en route. Elles couchaient à la belle étoile et n'avaient pour toute nourriture que dix dattes par jour et une tasse de café. Dans cette ville on les vendit à un commerçant qui en avait déjà quelques-unes. Aïcha pouvait avoir dix ans.

Quand ce marchand eut une trentaine de femmes, il partit pour R'adamès, qu'on écrit aussi G'hadamès. Le voyage fut long. Il y a 400 lieues et dans des pays où les ressources ne sont pas toujours suffisantes. Malgré l'économie qu'on mettait dans les distributions, on manqua de vivres et d'eau. On envoya de suite à la recherche de puits ; mais dans le désert ils ne sont pas faciles à découvrir, parce qu'ils sont masqués par des peaux recouvertes de sable, pour éviter l'ensablement. Des voyageurs étrangers ne pourraient pas les trouver. On fut quatre jours dans cette position critique, que la mort seule devait terminer. Le quatrième jour au soir, on trouva de l'eau et des dattes, mais cinq esclaves avaient péri. Les vingt-cinq autres arrivèrent à R'adamès dans un état de maigreur effrayant.

R'adamès est une ville bâtie à côté d'une oasis ; elle est située à 140 lieues au sud-est d'El-Oued. Dans toute la route qui précède R'adamès, Aïcha ne vit que des sables. L'horizon à l'est était bordé de hautes montagnes.

A R'adamès les vingt-cinq esclaves furent présentées au caïd, qui les examina une à une dans les plus minutieux détails. Il prit celles qui lui convinrent et les paya au prix courant. Les autres furent conduites sur le marché, où elles furent vendues de 3 à 400 fr. Elles étaient vêtues d'un simple petit tablier, étroit et court, un peu plus grand qu'une feuille de vigne. Aïcha fut amenée ici par un homme du Souf, qui fit le voyage en dix-huit jours. Pendant ces dix-huit jours elle ne vit pas une oasis. La route est jalonnée de puits rares, perdus au milieu d'immenses dunes de sable. Elle arriva enfin à El-Oued, où elle fut vendue à un cheick des environs de Krenchla qui la garda quelques années. Plus tard elle quitta cette tribu pour revenir ici, et je l'ai épousée il y a deux ans. Nous vivons tranquilles, peu nous suffit, et nous sommes heureux. »

— Quel est cet enfant qui est à ses côtés ? lui dis-je.

— C'est le fils de son premier mari, me répondit-il.

— Et le mari vit ?

— Il vit.

Singulières mœurs ! et ils paraissaient heureux.

Sa narration finissait comme nous arrivions à la djemâ de Sidi-Salem. Cette djemâ est un rez-de-chaussée avec plafond soutenu par seize piliers. La cour intérieure est disposée en cloître. Le minaret est peu élevé. Nous y montâmes pour contempler le pays. On ne découvre que des dunes de sable et les têtes des palmiers enfouis dans de grandes excavations. Ces excavations sont produites par les sables qui envahissent les palmiers et que l'on retire journellement. Ce sable, déposé à la limite de chaque jardin, en exhausse la circonférence et produit ainsi tout autour une masse circulaire qui prend la forme d'une vaste cuvette au milieu de laquelle sont les plantations.

Nous revînmes au bordj en traversant la ville. Les rues sont propres. Rentré chez le kalifa, je mis mes notes au net en attendant le dîner. Le soir, le kalifa nous offrit une difa excellente. Je dînai fort bien, mais l'odeur du cousscouss me contraria beaucoup. Mon compagnon, au contraire, parut savourer ce mets arabe; tant il est vrai que des goûts et des couleurs on ne peut discuter.

La nuit se passa fort bien. Le chant du muzzein vint seul troubler le calme de la nuit. Cinq fois par vingt-quatre heures, le muzzein monte au haut du minaret, et là, d'une voix criarde, nasillarde et monotone, il dit : « Dieu est grand, Dieu est grand! Témoignez qu'il n'y a de Dieu que Dieu et que Mahomet est le prophète de Dieu. Venez à la prière, c'est la prospérité. Dieu est grand, Dieu est grand, il n'y a de Dieu que Dieu ! »

Le lendemain 29, à sept heures du matin, le kalifa vint dans notre chambre, et après nous avoir souhaité le bonjour, il se mit à faire sa prière à haute voix, à réciter son chapelet et à demander à Mahomet de nous protéger pendant le voyage. »

A huit heures, nous étions en marche escortés du kalifa et de ses cheicks. A dix heures, nous assistions à Kouinin à une nouvelle difa qui nous était servie au nom du kalifa. A midi, nous étions à Guémar.

GUÉMAR,

A 20 KILOM. NORD D'EL-OUED (13ᵉ JOURNÉE).

Guémar est au bout d'une plaine de 2 kil. de longueur, entouré de buttes de sable. Cette ville ressemble à Kouinin par ses maisons à calottes sphériques. Nous campâmes sur la place à côté de la ville.

Le soir nous offrîmes à dîner au kalifa; il ne but que de l'eau. Je le plaignais mentalement, car elle sentait le bouc à faire lever le cœur.

Le kalifa est un excellent homme, fort aimé dans le pays. Les Souafas (gens du Souf), pour nous exprimer combien il était vertueux, nous disaient qu'il ne salissait pas son pantalon ; comme nous disons, nous, d'un homme qui se respecte, qu'il ne salit pas son habit.

On parla beaucoup du commerce du Souf. Le kalifa nous dit qu'El-Oued était appelé à un brillant avenir par le commerce qu'il fait avec R'adamès. De nombreuses caravanes vont et viennent entre El-Oued et R'adamès, et échangent des dattes, de peaux de panthère, des plumes et des œufs d'autruche, du poil de chameau, etc. Mais pour bien attirer de ce côté le commerce de R'adamès, il faudrait, nous dit le cadi, supprimer la douane du Sud pendant vingt ans. La douane de Biskra coûte annuellement 20,000 fr. au trésor et ne lui en rapporte pas 2,000. Elle a en outre pour funeste résultat d'effrayer les caravanes du Sud qui se dirigent alors de R'adamès sur la régence de Tunis. Depuis notre voyage, le service de la douane de Biskra a été supprimé. Toutes les attributions du receveur, c'est-à-dire les perceptions à l'entrée et à la sortie, ont été confiées au receveur des contributions diverses de cette localité.

Les habitants du Souf sont au nombre de 30,000 et ils possèdent 10,000 chameaux environ, ce qui leur permet de faire le commerce, non-seulement avec R'adamès, mais aussi avec la régence de Tunis et les Touaregs. On fabrique dans le Souf beaucoup de haïks, de burnous et d'objets en cuir travaillé destinés à l'exportation. La race des Arabes du Souf est belle, blanche, bien portante, active et intelligente. La race du Sahara est supérieure en général à celle des montagnes.

C'est d'El-Oued que, le 26 novembre 1856, M. le capitaine de Bonnemain, aujourd'hui chef d'escadron de spahis, partit pour R'adamès, chargé d'une mission. Il mit vingt-deux jours à franchir les 140 lieues de sable qui séparent El-Oued de R'adamès. D'après ce que nous avons lu de R'adamès dans la relation de ce voyage, cette ville serait construite à peu près comme Tuggurt. Ses rues seraient en partie couvertes comme quelques-unes de Tuggurt, pour préserver les habitants de la chaleur, et permettre la circulation en été pendant que le soleil est au méridien.

Après le repas, le kalifa fit annoncer que les caravanes qui étaient à Guémar, à la destination de Biskra, partiraient le lendemain matin et marcheraient avec nous. Leurs passe-ports nous furent remis pour garantie de leur fidélité.

La nuit fut troublée par les cris des chiens, musique désagréable quand on a envie de dormir.

BIR-BOU-CHAMA,

A 44 KILOM. DE GUÉMAR (14ᵉ JOURNÉE).

Le lendemain à sept heures du matin et par un temps magnifique, nous quittions Guémar. C'était le 30 décembre. La route va au nord-nord-ouest jusqu'à Bir-Chegga. Pendant une demi-heure, elle est bordée de jardins qui tous possèdent des puits munis de longs bras de levier pour puiser l'eau. Le nombre des leviers est tellement considérable, qu'on se croirait près d'un port de mer abritant des chasse-marée. Parvenus au bout des jardins, il fallut attendre les retardataires, se voir, se reconnaître et se compter. Plus de 200 chameaux arrivèrent, conduits par une soixantaine d'hommes.

Le kalifa nous accompagna jusqu'à Bir-Chréia. Les caravanes font halte ici pour remplir leurs peaux de bouc, dans la crainte de ne pas trouver d'eau en route. Nous avions à traverser une immense solitude où les puits pouvaient être ensablés. Le désert a ses tempêtes comme l'océan. Une tempête de sable pouvait nous forcer à nous arrêter en route, il était donc prudent de faire de l'eau. Quand chacun eut fait sa provision, on se mit en marche. Nos mulets prirent la tête du convoi. Nous, nous restâmes en place pour voir défiler cette caravane. Rien n'est pittoresque comme ces Arabes, les uns à pied portant de longues canardières mises en bandoulière sur le dos ; d'autres, enveloppés de leurs burnous et montés sur leurs chameaux, fermaient la marche.

Nous fîmes nos adieux au kalifa, qui nous donna mille marques de dévouement et nous souhaita un bon voyage ; nous partîmes.

Le paysage est plat. A l'horizon rien, à gauche des dunes lointaines peu visibles, à droite des palmiers à peine perceptibles. Une heure après nous étions au milieu de dunes sans fin.

A une heure de là nous coupions une grande

tribu nomade venant de l'Est et fuyant devant des maraudeurs tunisiens. Les hommes étaient armés de lances, de mauvais fusils et de vieux cimeteres. Derrière eux suivaient des femmes à pied, des chameaux avec palanquins, des vieillards, des ânes, des chèvres et des chiens aux dents hostiles. Vers onze heures nous trouvâmes un puits, Bir Salem ; nous nous y arrêtâmes pour déjeuner. Au delà de ce puits la plaine prend l'aspect de celle de Sethil, les dunes de sable ne sont plus que par groupes distancés. Encore une demi-heure de marche, nous dit le guide, et nous découvrirons le sommet d'une montagne. En effet nous vîmes bientôt poindre à l'horizon une petite courbe bleue vaporeuse comme un nuage : c'était l'extrémité de Djebel-Chechar, au sud-ouest des Némemcha. Nous en étions à plus de 180 kilomètres. Cette vue me fit grand plaisir, c'était pour nous la vue de la terre ferme au milieu de cette mer de sable.

Toute notre caravane marcha en bon ordre, au son du tambour de basque et au chant des chameliers. A quatre heures nous étions à Bir-Bou-Chama, où nous devions camper.

BIR-BOU-CHAMA.

Bir-Bou-Chama est un puits au milieu d'un massif de hautes dunes isolées au centre d'une immense plaine parfaitement unie et couverte de touffes d'herbes comme des steppes. L'orifice du puits est large et sans margelle, de sorte qu'il y tombe une infinité de saletés qui rendent l'eau impure.

On campa en cinq groupes, nous au centre, et l'on se garda la nuit.

Deux heures après notre arrivée, les feux des bivouacs éclairaient tous ces groupes. Chacun visita son fusil pour être prêt à répondre en cas d'attaque. La nuit fut calme, je reposai peu, ayant l'oreille au guet. J'entendais les Arabes se conter mille histoires plus ou moins merveilleuses. A mesure que l'heure avançait, les voix s'éteignaient successivement, et il ne resta alors que les cris plaintifs des chameaux ruminant le peu d'herbe qu'ils avaient ramassée dans la journée.

A 42 KILOM. DE BIR-BOU-CHAMA (15ᵉ JOURNÉE).

On leva le camp à sept heures, et dès qu'on fut sorti de ces dunes, on eut les Aurès à l'horizon.

De midi à trois heures nous traversâmes plusieurs grands chots à sec comme ils le sont presque tous, les eaux étant promptement absorbées. A l'extrémité du dernier chot nous étions à deux kilomètres en avant de la caravane, et ce n'était pas prudent, puisque nous étions sur le terrain habituel des exploits des Tunisiens. Les caravanes qui suivent cette route sont obligées de franchir le chot Melr'ir en un point qui n'a pas 100 mètres de largeur, et c'est vers ce défilé que les Tunisiens viennent surprendre les caravanes. On nous fit voir les carcasses des chameaux tués un an auparavant dans une rencontre avec des maraudeurs qui massacrèrent une vingtaine d'hommes, au dire des Souafas.

En nous remettant en marche nous aperçûmes à 400 pas devant nous une caravane de 25 chameaux et d'une quinzaine d'hommes. Ces hommes, nous voyant sur le lieu même où, l'année précédente, on avait attaqué des Souafas, eurent peur, groupèrent leurs chameaux, les firent coucher, se mirent au milieu et chargèrent leurs armes ; en moins de deux minutes il furent prêts à repousser l'attaque. De prime abord je ris beaucoup de leur méprise; mais dès qu'ils chargèrent leurs fusils, je craignis que la peur ne leur fît faire quelque maladresse à notre égard, et j'expédiai au galop notre interprète arabe pour les rassurer. Ils l'accueillirent avec joie et poussèrent des cris d'allégresse. Quand ils passèrent près de nous, ils tirèrent des coups de fusil en signe de réjouissance et crièrent : bono, bono. Quelques-uns étaient encore pâles de frayeur. Ces préparatifs de combat de la part de cette caravane me prouvèrent qu'on n'était réellement pas en sûreté dans ces parages et qu'ils méritaient la mauvaise réputation qu'on leur a faite.

A un kil. plus loin, nous trouvâmes une grande mare suffisante pour abreuver les chameaux et nous donner l'eau dont nous pouvions avoir besoin pour nous-mêmes. Quoiqu'il ne fût que trois heures et demie, je jugeai à propos de nous y arrêter pour avoir le temps de nous bien installer, de rallier les traînards, reconnaître les dunes, fouiller les environs, et nous mettre en mesure d'éviter une surprise. Nous avions de plus pour nos animaux du drinn, espèce de fourrage fort bon. On bivouaqua en se fractionnant beaucoup, afin d'occuper tous les points par lesquels on arrive à cette mare. Bientôt tous les feux s'allumèrent, notre cuisinier s'occupa du dîner, et les Arabes firent leurs galettes aux oignons.

Les dernières lueurs rouges du crépuscule éclairaient encore l'horizon lorsqu'on vint m'annoncer qu'on découvrait du monde et des chameaux au nord. J'envoyai immédiatement de ce côté l'interprète, et je fis donner l'ordre à tout le monde de se tenir sur ses gardes. On fut vingt minutes dans l'incertitude. L'interprète revint ensuite nous dire que deux tribus nomades connues nous demandaient la permission de camper sous notre protection, leur demande fut accueillie. Bientôt après on vit défiler à l'ouest les silhouettes noires des chameaux et des hommes de la smala. Ces derniers venus allèrent prendre position pour la nuit, à l'ouest de notre camp. Je recommandai de faire des feux très-faibles afin de ne pas indiquer notre bivouac. Vers onze heures la lune se leva, la surveillance fut plus facile et la nuit fut bonne. J'en conclus que les maraudeurs connaissaient notre force, qu'ils savaient par leurs émissaires qu'il y avait des Français dans cette caravane et que toute tentative de pillage pourrait leur coûter cher.

Au point du jour notre interprète et nos serviteurs nous souhaitèrent la bonne année. C'était effectivement le 1ᵉʳ janvier 1864.

MGUÉBRA,

A 52 KILOM. DU BIVOUAC PRÉCÉDENT (16ᵉ JOURNÉE).

Quelle belle journée ! Le ciel était d'une limpidité inconnue en Europe, l'année commençait bien, encore trois jours et nous devions être de retour à Biskra. Du campement que nous quittions à Mguébra sur l'Oued-Baâdj où nous devions aller coucher le soir, on est une grande partie de la journée dans les chots et l'on découvre à droite et à gauche les eaux miroitantes du lac Melr'ir. On retrouve ici les sulfates de chaux dont nous avons parlé plus haut en nous rendant à Mr'eir. A deux heures de l'après-midi nous étions à un isthme qui n'a que 50 mètres de largeur et qui est le passage obligé des caravanes du Souf se rendant à Biskra. Ce passage se nomme El-Bouib (la petite porte). C'est la vraie porte du Souf pour communiquer avec le nord. Au milieu de cet isthme, et barrant une partie du chemin, il existe un cône de sable surmonté d'un immense tas de broussailles. Ce cône peut avoir 10 mètres de hauteur. On le voit de très-loin. De cette butte on découvre admirablement bien le lac Melr'ir et quelques oasis de l'Oued-R'ir, oasis que nous avions traversées quinze jours auparavant.

D'El-Bouib à Mguébra il y a deux bonnes heures de marche. On est continuellement dans des landes légèrement ondulées couvertes de broussailles et surtout de plantes fourragères, drinn, que les chameaux broutent avec avidité à leur sortie du désert, et que nos chevaux mangèrent avec plaisir, chemin faisant.

Mguébra est une station sur les bords de l'Oued-Baâdj ; il est indiqué par quelques puits creusés dans le lit même de la rivière comme à Séthil, notre premier campement après Saâda. Mguébra est à 8 kil. à l'est de Séthil.

A Mguébra, le bois est en abondance ; on se croirait dans un taillis. Les caravanes vinrent successivement se ranger autour de nous. Les feux brillèrent le soir, les causeries furent plus animées; on comprenait au bavardage des chameliers, à l'animation des conteurs arabes, à leur joie, que tout danger était passé.

SAADA,

A 44 KILOM. DE MGUÉBRA (17ᵉ JOURNÉE).

Le 2 janvier nous couchâmes à Saâda, après avoir vu de nouveau Chegga, station très-importante pour les caravanes du Souf. C'est là que les chameaux habitués à ce voyage du désert boivent à discrétion, tant en allant qu'en revenant. C'est là aussi qu'on s'attend quelquefois pour marcher en force et se prêter assistance.

A Saâda nous invitâmes le caïd et son fils à dîner avec nous. Le père vint à six heures très-exactement, mais le fils s'abstint. La loi de Mahomet ne permet pas au fils de s'asseoir à la table de son père ou à une table où est son père. Le caïd nous fit la surprise de nous offrir du bordeaux que nous dégustâmes avec plaisir, le nôtre étant épuisé depuis l'avant-veille.

Le 3 janvier ne nous vit debout qu'à huit heures; nous avions voulu profiter du bon abri qui nous était offert pour nous reposer un peu, et puis l'étape n'était pas longue, 28 kil.

RETOUR A BISKRA

(18ᵉ journée).

A neuf heures, en sortant du bordj et du plateau qui domine la forêt de Saâda, nous ne vîmes pas l'horizon qui était devant nous. Il était masqué au loin par un nuage de poussière qui couvrait le fond du tableau. L'air était agité, tout nous annonçait du vent et peut-être de la pluie. La forêt fut facilement traversée en une bonne heure. De l'autre côté un nuage de fine poussière commença à nous aveugler. Puis un vent violent souleva les sables, et la terre se mit en mouvement. Nos cabans étaient soulevés par le vent, nous avions du mal à les tenir; les crinières des chevaux étaient en l'air, nous étions aveuglés et presque suffoqués. Nous continuâmes notre route, parce qu'il fallait au plus vite sortir de cette tempête et gagner Biskra, que nous savions à quelques kilomètres devant nous. Nos chevaux hésitaient et se jetaient de côté pour éviter la poussière. Je craignis un instant que nous ne fussions obligés de mettre pied à terre et de nous abriter derrière un buisson ; c'est à peine si nous pouvions avancer. Je me demandai alors ce que nous serions devenus si pareille tempête nous eût surpris entre Tuggurt et El-Oued, dans ces dunes de sable qui semblent n'attendre qu'un peu de vent pour se déplacer. L'histoire rapporte que des caravanes entières ont été englouties par les sables ; je l'ai compris ce jour-là ; mais avant d'être enseveli on doit être suffoqué et périr asphyxié.

A une heure nous faisions notre entrée dans l'oasis de Biskra, après dix-huit jours d'absence dont quinze consacrés à parcourir l'Oued-R'ir et le Souf ; c'est-à-dire à faire 546 kil., non compris la pointe sur Témacin, ce qui donne de 36 à 37 kil. en moyenne par jour. La Providence nous avait protégés, car personne de nous n'avait été malade.

Ce n'est que de retour dans cette ville et en

jetant un coup d'œil sur la carte que je vis l'importance du voyage que je venais de faire. J'ai vu la France dans toutes ses parties, j'ai parcouru les Alpes, les Pyrénées, les Vosges, les Cévennes, la Bretagne ; j'ai visité la Belgique, la Prusse, l'Italie ; je n'ai rien rencontré qui m'ait autant impressionné que la vue du Souf. Le touristes dépensent des sommes folles pour aller voir ce que tout le monde a vu, et des sites qui se ressemblent plus ou moins. Allez à Tuggurt et au Souf, chers touristes, et alors vous pourrez dire : j'ai vu l'Afrique. Le voyage de Paris à Batna, de Batna à Biskra, de Biskra à Tuggurt, au Souf et retour sur Biskra et Paris, est une affaire de quarante jours et une dépense 2,500 fr. seulement, et encore en comptant largement pour parer aux caprices.

On dépense beaucoup plus en Europe pour voir et revoir des pays dont on est blasé. Les amateurs de chasse auraient l'avantage de pouvoir chasser le lion avec Chassaing, le fameux tueur de lions, qui est un habitant de Batna, et dont l'obligeance n'a jamais fait défaut à personne.

Le 4 janvier le commandant supérieur du cercle nous invita à passer la soirée chez lui. Quelques touristes qui étaient à cette soirée nous firent raconter nos impressions de voyage. Le récit de nos bivouacs et de nos campements dans les sables mouvants parut piquer leur curiosité. On causa aussi du commerce du Souf avec R'adamès, et des encouragements à donner pour attirer vers le Souf le commerce qui se fait de R'adamès avec la régence de Tunis. Nous revîmes la personne qui, à notre passage, nous avait récité des vers. Je lui demandai si pendant notre absence sa muse avait chanté; elle sourit et voulut bien nous réciter les vers suivants :

DÉSIR D'UN VIEUX GARÇON.

Si je pouvais avoir des ailes
 De papillon,
Je voltigerais près des belles
 De mon vallon.

Je boirais le suc au calice
 Des belles fleurs
Dont la rosée, au matin, glisse
 Comme des pleurs.

Après avoir couru la belle
 Matin et soir,
Je retournerais près de celle
 Que j'aime à voir.

J'irais la surprendre en cachette
  Dans son boudoir,
Lorsqu'elle refait sa toilette
  A son miroir.

J'irais tous les soirs auprès d'elle
  Sur le balcon,
Replier mes brillantes ailes
  De papillon.

Lui redire combien je l'aime
  De fol amour,
Qu'elle sera mon bien suprême,
  Toujours ;... toujours.

Lui rappeler bas à l'oreille
  Certains moments,
Doux soupirs de l'aube vermeille
  De nos printemps.

Lui dire tout ce que j'éprouve
  Près de son cœur,
Que j'y suis heureux, que j'y trouve
  Le vrai bonheur.

Puis, quand j'aurais fini ma vie
  De vieux garçon,
Je reviendrais chez mon amie
  Dans le vallon.

J'irais me reposer près d'elle
  Dans son salon,
Après avoir brisé mes ailes
  De papillon.

Voici une autre pièce, nous dit-il, qui m'a été inspirée par de doux souvenirs d'adolescence. Hélas! ajouta-t-il, qui n'a pas été jeune !

A DELPHINE.

Ton image chérie, ô ma bonne Delphine,
    Toujours pure à mes yeux,
Me rappelle ce temps où ta grâce enfantine
    Me rendait bien heureux.

Que j'aimais tes beaux yeux ! ô ma bonne Delphine,
    Tes beaux yeux grands et bleus,
Aussi purs et plus beaux dans leur candeur divine
    Que tout l'azur des cieux !

Que j'aimais la fraîcheur, ô ma bonne Delphine,
    De ton teint carminé !
Fraîcheur qui défiait celle de l'églantine
    Au parfum embaumé.

Tes caresses, mon ange, aux paupières voilées,
    Avaient épris mon cœur,
Et j'ai goûté, crois-le, dans tes ailes pliées,
    Le plus parfait bonheur.

J'aimais tes doux baisers, ces doux baisers de flamme
    Dont tu m'as inondé ;
Baisers que j'aspirais en déversant ton âme
    Sur mon cœur agité.

Quoi qu'en dise le monde, ô ma bonne Delphine !
  Nous fûmes bien heureux.
Nous avons savouré cet amour qu'on devine
  Être fait pour les cieux.

Ces deux pièces nous firent plaisir ; je demandai à mon tour la permission de répondre par une pièce que je me rappelais avoir faite quelque temps auparavant.

Je récitai la pièce qui suit :

L'ANGÉLUS.

I.

Lorsqu'un vaisseau, le soir, pourchassé par la brise,
Revient longeant la côte où la vague se brise,
Du rivage on entend le bruit des matelots
Se mêler sourdement aux murmures des flots.
Sous le souffle du vent le navire s'incline,
Se redresse, et l'on voit la puissante machine
Lutter avec la mer qui lèche ses sabords,
Dont la lame, souvent, saute, franchit les bords.
Dans ce moment critique, on préserve les soutes,
  On largue les écoutes.
  Sans redouter la mort
  Le marin pense au port.
Aussitôt que le ciel s'ouvre, et que les étoiles
Apparaissent, chacun songe à tendre les voiles ;
Et pendant que le calme en mer se rétablit,
Le port semble avancer. Chacun se réjouit

En rêvant au bonheur de revoir sa famille,
De s'asseoir au foyer près d'un feu qui pétille.
    En quittant le trois mâts,
    Ne soyez pas ingrats.
  Marins, allez prier Marie,
  Qui vient de vous sauver la vie,
  Et suspendez quelques instants
  Vos bruyants rires et vos chants.

  Ecoutez le son qui s'approche,
  Reconnaissez-vous cette cloche
  Que vous entrevîtes souvent,
  Alors que vous étiez enfants?
  C'est l'heure de prier Marie,
  Qui vient de vous sauver la vie.
    Marins, ne chantez plus,
    On sonne l'angélus.

II.

Au jour d'un grand combat, quand on voit deux armées,
Couronner des hauteurs, sur deux lignes rangées,
Quand le chef, en passant, place ses bataillons,
Dispose ses canons, groupe ses escadrons,
Personne ne dit mot. Il règne un grand silence,
Et chacun réfléchit pour agir de prudence
Afin de profiter des fermes, des vallons,
Pour résister longtemps au choc des escadrons.
Tout à coup le canon, vieux grognard en bataille,
    Lance au loin la mitraille.
    Alors les roulements
    De tous les régiments

Ordonnent de marcher malgré le feu terrible ;
D'enlever les hauteurs dans un effort pénible,
De tourner l'ennemi, de l'empêcher de fuir,
De faire qu'il n'ait plus qu'à se rendre ou mourir.
Vers le soir le chef dit : l'affaire est décidée,
Grâce à vous, mes enfants, la bataille est gagnée.
   Vous avez bien fini,
    Il n'est plus d'ennemi.
  Cependant, à quelqu'avant-poste,
  On tiraille encore, on riposte ;
  Arrêtez, suspendez vos coups,
  Soldats, il faut penser à vous.

  Ecoutez le son qui s'approche,
  Reconnaissez-vous cette cloche
  Que vous entendîtes souvent,
  Alors que vous étiez enfants ?
  C'est l'heure de prier Marie,
  Qui vient de vous sauver la vie.
   Soldats, ne tirez plus,
   On sonne l'angélus.

III.

Quand je vais seul, le soir, goûtant les harmonies
De toute la nature, et que mes rêveries
M'emportent vers les cieux, que mon cœur veut prier,
J'écoute avec bonheur le vent qui fait rêver.
Et si d'un noir couvent j'entends sonner la cloche,
De ce vieux sanctuaire en courant je m'approche.
J'aime à me retirer derrière un vieux pilier,
Loin de ces curieux qui viennent admirer

Les détails infinis des vitraux, l'art gothique
    De toute basilique.
    J'aime le laboureur,
    Vrai soldat du labeur,
Travaillant tout le jour pour nourrir sa famille.
Toujours en son regard le contentement brille.
Et vous tous, ouvriers, suspendez vos travaux,
Car après le travail vient l'heure du repos.
Vous avez en suant gagné votre journée,
La récolte, pour vous, mûrira cette année.
    Ne quittez pas vos champs
    Sans dire à vos enfants
    Qu'il faut, à genoux sur la pierre,
    Offrir au bon Dieu sa prière,
    Car Dieu regarde avec bonheur
    La famille du laboureur.

Écoutez le son qui s'approche,
Reconnaissez-vous cette cloche
Que vous entendîtes souvent,
Alors que vous étiez enfants ?
C'est l'heure de prier Marie,
Qui doit couronner votre vie.
    Oh ! ne travaillez plus
    Et sonnez l'angélus.

IV.

Un jour en revenant le long de la clairière
Et passant sur le seuil d'une pauvre chaumière,
J'entends des cris plaintifs à déchirer le cœur ;
J'entre et je vois, hélas ! un vieillard, un pêcheur,

Accablé par les ans, au déclin de la vie,
Seul ici-bas, sans pain, sans femme, sans amie ;
Ayant beaucoup souffert en ses quatre-vingts ans,
Formés d'autant d'hivers et de peu de printemps ;
Et, malgré sa misère, aimant la Providence,
    L'adorant en silence.
    Cher ami, vous souffrez,
    Lui dis-je, permettez
Que je coure chercher, au plus prochain village,
Un docteur, et choisir, pour vous, un bon breuvage
Pour ranimer vos sens. Non, dit-il, c'est ma fin.
Il n'est plus, je le vois, pour moi de lendemain.
Recevez mes adieux, commandez une bière,
Une croix de bois noir, une modeste pierre.
    Puis sa voix s'arrêta,
    Et son corps s'affaissa.
    Mais alors sa bouche plaintive
    Dit à mon oreille attentive,
    En me montrant du doigt les cieux,
    Avec la foi des bienheureux :

Écoutez le son qui s'approche,
Je crois reconnaître la cloche
Que j'aimais entendre souvent
Lorsque j'étais petit enfant.
Ami, je quitte cette terre,
    Vers Dieu je porte ma prière.
    Adieu, ne pleurez plus,
    On sonne l'angélus.

A minuit on se sépara. Nous prîmes congé du

commandant supérieur, nous le remerciâmes de son bon accueil et de tout ce qu'il avait fait pour nous être agréable. Il est impossible de trouver quelqu'un de plus aimable.

———

DE BISKRA A BATNA.

Le lendemain, 5 janvier, à quatre heures du matin, mon compagnon de voyage me quitta. Nous nous séparâmes avec l'espoir de nous revoir à Paris. Le soir, à six heures, il était à Batna, et huit jours après à Paris.

Moi, je ne quittai Biskra qu'à onze heures, après déjeuner. Je fis la route à cheval, suivi de mon domestique et de mes bagages. Nous allâmes coucher au bordj d'El-Outaïa, où je reçus la visite du fils du cheick, jeune homme d'une vingtaine d'années, parlant assez bien français.

On est passablement dans ce caravansérail. Cependant je ne dormis pas bien, quoique j'eusse à me dédommager de mes mauvaises nuits du désert; mais, faut-il l'avouer? Fatma me préoccupait beaucoup. J'étais heureux de la revoir et inquiet de son exaltation. Je me demandais comment tout cela allait finir.

Le lendemain, vers sept heures, j'étais à cheval, et ma petite caravane se mettait en route. A onze heures, nous étions à El-Kantra.

Je ne logeai pas au bordj, j'établis ma tente à 150 pas avant d'y arriver. Pendant qu'on installait tout, j'allai déjeuner au caravansérail. Le soir et les jours suivants, je pris mes repas dans ma tente, et, afin de justifier mon séjour à El-Kantra, je me mis à faire le lever de l'oasis et du terrain environnant.

Quant la nuit fut venue, et vers les huit heures, je renvoyai mes hommes dans leurs tentes, j'éteignis ma bougie et je m'assis à côté de ma tente. Je ne tardai pas à voir arriver une ombre et je reconnus bien vite Fatma. En approchant de la tente, elle redoubla de précautions pour ne pas faire de bruit. Je la fis entrer lestement, et j'observai tout autour pour m'assurer qu'elle n'avait pas été suivie. Il n'y avait personne. Je mis mon chien en sentinelle devant la porte, je fermai la tente, et nous nous assîmes. Fatma me sauta au cou, me remercia d'avoir tenu ma promesse et me couvrit de caresses.

Après les premiers épanchements, et lorsque je crus Fatma un peu plus calme, je lui fis observer que nous avions beaucoup à causer ensemble et surtout à parler raison. « Tu es venue à moi, lui dis-je, Dieu soit loué. Mais as-tu bien réfléchi? Ne sais-tu pas qu'une fois parti d'ici, je ne reviendrai plus dans ce pays et que, peut-être, nous ne nous reverrons jamais ; que cet amour, que tu m'as voué, et dont je suis heureux et fier, peut te conduire à ta perte? Si tu n'as pas songé à tout cela, il est de mon devoir de t'ouvrir les yeux sur le côté fâcheux de notre liaison.

—Écoute, mon beau Roumi, me dit-elle ; dès le jour où je t'ai vu à Batna, j'ai senti dans mes veines mon sang doubler de vitesse. Vingt fois depuis, j'ai voulu chasser ton image comme dangereuse, et vingt fois elle est revenue plus séduisante. Mon cœur battait à tout rompre, il était brûlant, ma respiration était haletante. J'étais fascinée par je ne sais quelle puissance occulte qui me dominait, j'avais les lèvres tremblantes, la bouche sèche, la tête perdue. Je rêvais de toi la nuit, je pensais à toi le jour ; oh ! j'ai senti dès lors que je n'étais plus maîtresse de moi-même, j'ai compris que le sentiment que j'éprouvais ne s'effacerait jamais et qu'il me tuerait si ton amour ne venait me sauver la vie. Tu ne comprends pas, toi, Roumi, l'amour passionné de la fille du désert. Ma franchise heurte sans doute tes mœurs et les usages de ton pays, mais, crois-moi, le véritable amour ne peut pas se cacher, il a besoin de s'épancher, il a confiance dans l'être qui l'a inspiré, il faut qu'il aille à lui, et voilà pourquoi je n'ai pas craint de venir à toi. Repousseras-tu celle qui a tant d'amour à te donner, et dont la vie ne suffira pas à te prouver combien elle t'aime? Je sais bien que mes parents me blâmeront de mon entraînement vers toi, noble voyageur, étranger fugitif comme ces oiseaux qui posent vingt-quatre heures sur nos palmiers pour voler ensuite vers de lointains climats. Je sais que si je suis surprise avec toi, je paierai cet amour de ma vie, mais que m'importe, si j'ai été heureuse auprès de toi, si mon cœur a senti battre le tien, si tu m'as aimée un seul jour.

« Reste ici quelque temps, je viendrai tous les soirs dans ta tente, et mon bonheur sera complet.

— Je consens à tout ce que tu voudras, lui dis-je; puis-je résister à tant d'amour, à tant de charmes, à tant de dévouement? Mais n'oublie pas que je suis étranger ici, et que peut-être nous ne nous reverrons plus. Songe à tous les regrets amers que laissera dans nos cœurs le souvenir d'un bonheur si grand et sitôt passé.

— Écoute, mon beau Roumi, tu parles bien, mais, à toutes tes paroles, je répondrai toujours : Je t'aime ! je t'aime ! » En disant ces mots, Fatma s'élança à mon cou, m'enlaça de ses bras souples et caressants, un baiser brûlant unit nos deux cœurs, une même sensation troubla nos esprits, un délire des plus enivrants confondit nos deux âmes.

Vers trois heures du matin, elle me quitta pour revenir le soir. Tout se passa bien, je la vis disparaître dans l'Oued-Kantra et je restai hors de ma tente une demi-heure environ, le temps qu'il lui fallait pour regagner sa tente au delà de l'oasis.

Je restai à El-Kantra huit jours pleins. Ce temps passa vite. Fatma fut chaque soir fidèle au rendez-vous, son arrivée dans ma tente suivait toujours le coucher de la lune, qui n'était pas encore à son premier quartier. Je serais encore à El-Kantra si je n'avais eu pour le 20 janvier un rendez-vous d'affaires à Constantine.

Mon intention était de partir le 15 au matin. Je lui en fis part dès le second jour. Le 14, au soir, je la comblai de caresses et lui exprimai combien son amour m'avait rendu heureux, combien j'étais touché de son affection, combien son souvenir me serait doux. Elle me répondit qu'après avoir été à moi, elle ne serait à personne ; qu'elle me l'avait dit, qu'elle me le répétait et qu'elle me le jurerait à minuit au Djebel-Imin. Je voulus la détourner de cet acte imprudent qui la lierait à tout jamais ; elle ne voulut rien entendre. « Je veux te jurer fidélité de cœur, non que j'aie besoin de ce serment pour t'aimer davantage et te rester fidèle, mais j'y tiens pour que tu saches qu'il y a au désert une fille qui t'aime, qui est à toi, qui est ton esclave et que tu retrouveras quand tu le voudras. »

Nous allâmes à minuit au Djebel-Imin. La nuit était sombre, la lune était déjà passée sous l'horizon.

Quand nous gravîmes le Djebel-Imin, au milieu du silence qui règne en ce lieu de deuil redouté des amants infidèles, nos pas, quoique légers, firent envoler des oiseaux de nuit qui jetèrent des cris d'effroi, et redoublèrent l'horreur de cette solitude. Les moindres buissons paraissent grands la nuit, on les croirait animés et doués de mouvement, et, pour peu que l'imagination s'en mêle, on comprend que les Arabes, superstitieux de leur nature, y aient vu le fantôme d'Amar-Ben-Messaoud, poursuivi par les ombres de Bahya et d'Es-Safer.

Parvenus sur le tertre du Djebel-Imin, Fatma me jura que son cœur serait à moi pour la vie. Ce serment fut scellé d'un baiser dont le souvenir me remue encore le cœur.

Nous redescendîmes promptement et nous rentrâmes dans ma tente.

Fatma devint triste alors en songeant que cet amour allait lui échapper. « Mais, dit-elle, nous sommes au 14 janvier, dans deux mois je serai sur le littoral, à 2 kil. de Philippeville, et si tes affaires te retiennent jusqu'à cette époque à Constantine, j'ai le doux espoir de te revoir. »

Fatma me serra dans ses bras, fut plus caressante que jamais, et me dit d'une voix plaintive et avec un charme que je ne lui connaissais pas encore : « Tu vas donc me quitter. Quand on abattra ta tente, mes yeux pleureront ; quand tu partiras, mon cœur saignera. Faut-il donc te perdre, toi, mon cher Roumi ! Si encore j'avais la certitude de te revoir ici, à l'automne prochain, lorsque reviendront les hirondelles voyageuses. Mais non, tu ne peux rien me promettre, ta patrie t'appelle, ta mère aussi. Ta sœur t'attend, ta maîtresse peut-être ?... Oh ! non,... non, n'est-ce pas ? oh ! dis-moi que ton cœur bat pour moi, redis-moi que tu m'aimes et que tu n'oublieras jamais ta Fatma. Oh ! alors, quelle que soit la destinée qui nous soit réservée, je ne regretterai pas de t'avoir juré de ne vivre que pour toi, dussions-nous être séparés toujours. »

Un bon baiser la rassura, et nous passâmes la nuit à causer. A quatre heures nous nous séparâmes.

—

Le 15, à sept heures du matin, je repris la route de Batna, et je revis avec plaisir le défilé d'El-Kantra. A neuf heures et demie, j'étais aux tamarins ; à deux heures, j'entrais dans le caravansérail d'El-Ksour, et le lendemain 16 janvier, j'étais de retour à Batna.

—

Mes affaires me retinrent trois mois à Constantine. Le 24 avril, je partis pour Philippeville, avec l'intention de m'embarquer pour la France le 27. Le 25 au soir, je reçus une dépêche télégraphique qui m'obligea à attendre à Philippeville la solution d'une affaire que je croyais bien terminée.

Je profitai du temps que j'avais pour faire des excursions à pied aux environs de la ville, dans l'espoir de rencontrer ma belle Fatma. Il y a à l'est de la ville, et dans une charmante vallée débouchant sur la mer, de fort jolies petites maisons de campagne, et surtout un beau bois d'orangers que j'affectionnais beaucoup. C'était une de mes promenades favorites. Ce bois était à 200 mètres du rivage. J'y allais presque tous les soirs vers quatre heures et j'en revenais vers six heures, six heures et demie, pour dîner. Un soir que je m'étais oublié à rêver au bord de la mer, et que je revenais mélancolique et à pas lents, je fus surpris d'être escorté par une jeune fille arabe, voilée, qui m'examina une seconde, poussa un cri, se découvrit le visage et se jeta dans mes bras. C'était ma Fatma. Je ne peindrai pas sa joie, ce serait impossible.

Nous entrâmes dans un petit massif de lentisques qui était sur le côté de la route, afin de pouvoir causer et nous concerter sans être vus. Nous n'avions pas de temps à perdre. Il fut convenu que je louerais une petite maison qui était vacante et qu'elle m'indiqua ; elle était assez abritée pour que l'accès en fût facile sans être vu de loin. Il fut arrêté que, dès que j'en aurais pris possession, une lumière serait mise par moi derrière une des croisées du premier, et que dès ce jour elle pourrait venir quand elle voudrait, mais en évitant le clair de lune. Mon domestique devait habiter la maisonnette et moi rester en ville de jour. Pour éviter tout soupçon, je ne devais venir au rendez-vous qu'à la nuit, et me retirer, comme elle, le matin avant le jour.

Le 3 mai eut lieu notre premier rendez-vous. Nous étions dans le dernier quartier de la lune, la nuit était sombre et très-favorable.

Fatma fut on ne peut plus aimable. Je fus surpris de trouver tant de grâce dans cette fille du désert; l'amour ou plutôt le désir de plaire l'avait transformée. Elle avait de l'à-propos dans la conversation, et quoiqu'elle ne parlât pas correctement français, elle en savait assez pour se faire bien comprendre. Elle donnait à ses phrases une tournure originale, orientale. Elle avait beaucoup d'imagination et savait charmer nos soirées par des contes toujours nouveaux. Elle me récitait quelquefois des poésies arabes, et sa tête s'exaltait chaque fois que l'histoire présentait quelque chose de merveilleux. C'était une fort jolie brune, à l'œil vif, au corps souple et voluptueux. Elle était ravissante à voir lorsqu'à demi déshabillée, sa chemise décolletée laissait paraître une poitrine superbement moulée, et que sa chevelure noire et soyeuse inondait ses belles épaules. Ses pieds mignons et ses mains délicates étaient d'une finesse remarquable. J'ai connu quelques jolies femmes dans ma vie, mais l'amour de ces femmes du monde n'est pas comparable à l'amour de la femme arabe.

La femme arabe, c'est la femme de la nature, la femme aux désirs ardents, qui recherche l'homme pour la satisfaction de son cœur, de ses sens et de son imagination. Ce n'est ni une blonde langoureuse, aux soupirs mélancoliques, ni une brune piquante, calculant l'effet d'un regard ou d'une pose. C'est une femme désirant l'homme pour la jouissance qu'elle sait devoir trouver dans ses bras, se donnant sans réserve à lui, sans peur, sans timidité. Quand on serre dans ses bras une femme arabe, on ne presse pas sur son cœur une poupée parfumée d'eau de mousseline ou de patchouli, mais on tient une femme voluptueuse, aux appas puissants, qui se pâme sous la jouissance et qui dégage une odeur aromatique qui vous enivre de désirs fous.

J'étais ravi de voir que Fatma avait une intelligence peu commune et qu'elle goûtait la poésie.

Je lui promis de lui faire quelques vers dont elle serait le sujet. Elle fut ravie, me sauta au cou et me couvrit de baisers.

A une heure du matin elle me quitta.

Le soir elle arriva à huit heures, et, après avoir mangé quelques friandises et pris le thé ensemble, assis tous les deux sur le tapis, à la façon arabe, je lui lus la pièce qui lui était destinée et que voici :

A FATMA.

De ton amour je suis ivre,
Le feu de tes yeux m'enivre,
Donne-moi tes doux baisers.
Viens avec moi vers la plage
Nous asseoir sous le feuillage
Du bois des vieux orangers.

Nous écouterons, ma belle,
Le chant de la tourterelle
Et la voix du rossignol.
Heureux dans notre retraite,
Nous rirons de la fauvette
Qui passe en rasant le sol.

Loin du bruit de la tempête,
Nous ne ferons qu'une fête

De nos nuits et de nos jours.
Car tu sauras que la vie
N'est qu'une longue folie
Que gouvernent les amours.

Dès que la mer sera belle,
Nous irons dans ma nacelle
Nous promener tous les soirs.
Nous irons au gré des ondes
Courir sur ces mers profondes,
Le long de ces rochers noirs.

Ma main dans ta chevelure,
J'écouterai ta voix pure
Qui dit que tu sais aimer.
Je baiserai ta paupière,
Et mon âme sera fière
D'avoir su te mériter.

Seul sous la voûte étoilée
J'écouterai, bien-aimée,
Les battements de ton cœur.
Je saurai ce qu'une femme
Peut renfermer dans son âme
De parfums et de bonheur.

Quand nous aurons bien vécu,
Qu'ensemble nous aurons bu
Le dernier de nos baisers ;
Nous dirons : fuyons la plage
Où jaunit le vert feuillage
Du bois des vieux orangers.

Quand je lui lus ces vers, elle rougit de satisfaction. La joie la suffoquait, elle ne tenait pas en place tant elle était heureuse. Elle me les fit relire vingt fois et m'embrassa dix fois à chaque strophe. Jamais je ne vis femme plus contente.

Quelques jours après je lui lus la pièce suivante :

A FATMA.

Cette nuit, près de toi, j'ai goûté le bonheur,
    O ma belle maîtresse !
Sous l'aile de l'amour, à l'abri de ton cœur,
    J'ai senti ta tendresse.

Tu m'as dit de ces mots qui font rêver toujours
    Et suspendent la vie,
Qui nous font oublier de quelques mauvais jours
    L'âpre mélancolie.

J'ai déposé mon cœur, dans cette nuit d'amour,
    Sur tes lèvres de rose,
Et j'ai pris et repris sur ton sein en retour,
    Et ta bouche mi-close,

Ces suaves baisers que tu sais me donner,
    Doux parfums de ton âme,
Doux reflets de ton cœur dont je sais aspirer
    Le plus pur de sa flamme.

Ces baisers que j'ai pris je te les ai rendus,
 Oh ! que n'y suis-je encore ?
Dans nos bras enlacés nous étions éperdus
 Quand nous surprit l'aurore.

Il fallut se quitter, un baiser nous unit,
 Doux baiser d'espérance.
En amour, sache bien, toujours la nuit finit
 Comme la nuit commence.

Fatma prenait plaisir à écouter mes vers, à me les faire répéter, et terminait sans cesse en m'en demandant de nouveaux. Je n'avais rien à refuser à cet ange qui me donnait tant de bonheur, et qui mettait toute sa joie à me rendre heureux. Je faisais mon possible pour qu'elle trouvât notre petite maison agréable, et que rien ne lui manquât. Elle aimait les pâtisseries et buvait avec complaisance un verre de liqueur, en dépit de Mahomet. Un soir, après souper, je lui chantai cette barcarolle de ma façon :

Ecoute, Fatma, ma belle,
Ce soir tu viendras me voir,
Nous partirons en nacelle
Sur ce limpide miroir.
Nous irons toucher la plage
D'où l'on entend murmurer
Des oiseaux le doux ramage
Et le chant du nautonier.

Ta tête sur mon épaule
Et ta chevelure au vent,
Ondoyante comme un saule
Balancé par l'ouragan.
Seuls, assis sur le rivage,
Nous y pourrons écouter
Des oiseaux le doux ramage
Et le chant du nautonier.

Puis, ramenés par la brise,
Nous viendrons, au gré des vents
Gonflant notre voile grise,
Heureux comme des amants.
Nous verrons fuir le rivage
D'où l'on entend murmurer
Des oiseaux le doux ramage
Et le chant du nautonier.

Nos amours duraient depuis un mois et demi et tout nous souriait, lorsqu'un soir Fatma ne vint pas. Le lendemain il en fut de même et les jours suivants. J'étais dans une inquiétude mortelle. Il était évident qu'elle avait été surprise ou qu'on l'épiait. Quinze jours se passèrent ainsi. Les trois quarts du temps, je passais mes nuits sur la terrasse à examiner la plaine, et je ne voyais rien venir. Enfin le 3 juillet, jour de la nouvelle lune, et par la plus grande obscurité que favorisait un ciel couvert, Fatma m'arriva toute haletante, émue, inquiète. Elle se jeta dans mes bras et me raconta comment elle avait été d'abord épiée, puis suivie et arrêtée à deux cents pas de la maison, quinze jours auparavant, et comment depuis ce moment elle avait été retenue. Son calme seul avait tout sauvé, et grâce à l'absence de la lune, elle avait pu s'échapper ce soir pour venir m'embrasser et passer quelques bonnes heures ensemble. Oh, mon Roumi, dit-elle, combien j'ai souffert loin de toi! combien je t'ai désiré dans mes nuits sans sommeil! que de baisers ne t'ai-je pas envoyés! Viens près de moi; oh, plus près encore, j'ai besoin d'être à toi corps et âme.

Quelques minutes après, Fatma devint calme, mais ses caresses n'en étaient pas moins séduisantes et toutes d'amour. Reste dans mes bras, disait-elle, dors, les ennuis sont passés, le bonheur est désormais à nous, dors, mon bon Roumi, dors, mon bon ange, avec la douce pensée qu'il y a un cœur qui t'aime et qui veille sur toi. Deux heures se passèrent ainsi dans ce doux tête-à-tête, avec ce calme que l'on goûte après de vives inquiétudes, et lorsqu'on sait n'avoir plus rien à craindre.

Qu'as-tu fait, pendant mon absence? me dit-elle, as-tu pensé à ta Fatma, lui as-tu écrit quelques vers ? — oui lui dis-je, écoute-les :

Si j'étais cet oiseau qui vole à ma fenêtre,
Dont j'aime le doux chant et qui cherche peut-être
    Une sœur,
Je fuirais loin d'ici, profitant de mon aile,
Et j'irais demander à mon ange, à ma belle,
    Le bonheur.

J'irais voir ma Fatma, toucher sa chevelure,
Écouter les accents de sa voix toujours pure,
    Voir ses yeux.
Lui parler de ces nuits où nos âmes amies
Tressaillaient de bonheur et se croyaient unies
    Dans les cieux.

Je boirais ses baisers sur sa bouche embaumée,
Je boirais son amour, doux comme la rosée
    Des rosiers.
Je verrais ses cheveux, sa plus belle parure,
Souples et gracieux comme la chevelure
    Des palmiers.

Oh ! qu'elle était folâtre, oh ! qu'elle était joyeuse,
Oh ! qu'elle était aimante et qu'elle était rieuse
    Dans mes bras !
Je savourais l'amour sous sa chaude caresse,
Je couvrais de baisers, dans ma brûlante ivresse,
    Ses appas.

En songeant au reflet de sa peau satinée,
Aux gracieux contours de sa taille élancée,
   Je languis.
Si je chéris Fatma, c'est qu'elle est la plus belle ;
Esprit, amour, beauté, tous charmes sont en elle
   Réunis.

Loin de toi je gémis, oh ! ma Fatma chérie ;
Rends-moi les doux reflets du printemps de ma vie,
   Viens à moi.
Où sont donc nos beaux jours ? Mon âme soucieuse
Regrette le passé, me quitte et va rêveuse
   Près de toi.

Quand mon cœur pense à toi, le soir, sur ma terrasse,
Et qu'une étoile tombe, en brillant, file et passe
   Dans les cieux,
Ce rayon de ton âme, oh ! ma Fatma chérie,
Me fait voir, ici-bas, le bonheur de ma vie
   Dans tes yeux.

Que ne suis-je l'oiseau qui vole à ma fenêtre,
Dont j'aime le doux chant, et qui cherche peut-être
   Une sœur !
Je fuirais loin d'ici, profitant de mon aile,
J'irais voir ma Fatma, savourer auprès d'elle
   Le bonheur.

Fatma, qui avait été plus caressante que jamais, ne pouvait pas me quitter. Quand la pendule sonna deux heures, je l'invitai à songer à la retraite. Nous ouvrîmes avec précaution la porte et nous traversâmes le petit parterre qui était devant la maison. Lorsque nous fûmes dehors, Fatma m'embrassa et me dit adieu. Au même instant deux coups de feu partirent à notre adresse. La balle qui m'était destinée n'avait fait qu'effleurer mes vêtements, mais Fatma tombait dans mes bras, la poitrine traversée d'une balle. Son sang chaud s'échappait avec violence par sa bouche et sa blessure, et coulait sur moi. Es-tu blessé? me dit-elle; non, lui répondis-je. Dieu soit loué, mon Roumi, Mahomet est son prophète. Je transportai Fatma dans la maison pour lui prodiguer mes soins, mais il était évident pour moi qu'ils étaient inutiles, elle était mortellement frappée. Elle le comprit à la façon dont le sang coulait.

Les lâches, dit-elle, ils m'ont suivie. Ils avaient paru ajouter foi à mon innocence pour mieux me frapper, pour m'assassiner et me tuer avec mon amant. Mais Dieu t'a préservé, je le bénis, j'ai été heureuse avec toi, j'ai voulu être à toi que j'avais jugé digne de mon amour, j'ai voulu ton bonheur, je l'ai souhaité aux dépens de ma vie, Dieu m'a exaucée. Je ne regrette pas cette existence que je t'ai sacrifiée; non, cette agonie dans tes bras, c'est encore du bonheur pour moi. Puisse

Mahomet te préserver ! tu partiras demain quand j'aurai rendu le dernier soupir, ne m'abandonne pas avant, laisse-moi mourir dans tes bras, où j'ai été si heureuse et qui ont été le berceau de mes amours ; je veux qu'ils soient mon dernier suaire.

Oh ! les lâches, assassiner une femme ; vouloir violenter les lois de l'amour ; soyez maudits, hommes de ma tribu. Puisse la laine de vos moutons ne jamais pousser, puisse le poil de vos chameaux sécher sur leur dos, puisse le lait de vos chèvres tarir dans leurs mamelles, puissiez-vous tous mourir de faim dans le Tell, et de soif dans le désert! Puissent vos enfants ne jamais connaître le nom de leur père, puissent-ils vous renier un jour, comme parjures aux lois de la nature, puissent vos femmes ne pas être fidèles au serment du Djebel-Imin! Malédiction sur vous, puissent vos palmiers ne jamais produire de dattes, puisse..... sa voix s'arrêta un moment..... elle pâlit... mon Roumi, mon bon Roumi, reprit-elle, je me sens faiblir, ma tête devient lourde, mes yeux se troublent..... j'ai froid..... c'est fini..... j'étouffe..... viens... partons... je t'aime, Roumi...je t'aime... à moi, Roumi, ne les vois-tu pas venir? ils sont là, les lâches..... tue-les..... tue-les..... Il y eut une minute de silence. La sueur froide me coulait le long du visage, j'étais atterré de ce fatal dénoûment que j'avais prévu à El-Kantra.

Tout à coup les mains de Fatma se crispèrent dans les miennes, et, dans un effort suprême, elle se souleva et me répéta deux fois d'une voix mourante, je t'aime..... je t'aime... une seconde après je n'avais plus qu'un cadavre dans mes bras. Pauvre Fatma!

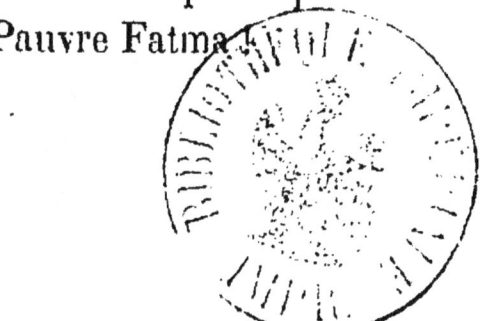

FIN.

TABLE.

	Pages.
Préface.	5
Batna.	15
Ruines de Lambessé et le ravin du Lion.	25
Village des nègres.	29
Forêt des Cèdres.	35
Une fantasia.	41
La fontaine chaude.	45
Oued-Chaba.	51
De Batna au Ksour.	57
Mariage chez les Bédouins.	61
Le Ksour.	71
Du Ksour aux Tamarins.	71
Spahis.	73
Smala.	75
Des Tamarins à El-Kantra.	81
El-Kantra.	85
Cérémonies funèbres chez les Arabes.	93
Djebel-Amarit.	97
Une fille du Sahara.	105
D'El-Kantra à El-Outaïa.	111
D'El-Outaïa à Biskra.	117
Biskra.	121

	Pages.
Cafés maures et ouled-naïls................	129
Eaux chaudes d'Hammam Salaïn.............	141
Traits caractéristiques des mœurs des Arabes.....	143
Départ de Biskra pour Tuggurt..............	155
Sethil sur l'Oued-el-Bahadj................	159
Mr'eir.................................	167
Our'lana...............................	175
Sidi-Rachel.............................	183
Tuggurt................................	191
Amar ben Abdallah.......................	205
Si-Ali-Bey ben Ferhat ben Saïd.............	217
Témacin................................	223
Bir-Chabi..............................	239
Mouïa-Ferdjan...........................	139
Bou-Amar...............................	245
Kouinin................................	248
El-Oud-Souf.............................	254
Guémar................................	265
Bir-Bou-Chama..........................	249
Mguébra................................	277
Retour à Saâda..........................	281
Retour à Biskra..........................	283
De Biskra à Batna, et séjour dans le Tell.......	295

www.ingramcontent.com/pod-product-compliance
Lightning Source LLC
Chambersburg PA
CBHW071252160426
43196CB00009B/1255